優渥叢書

第一次投資就該懂的技術分析

技術分析

就該懂的

第一次投資

| 進入股市前 | + | 看懂這 270張K線圖 | = | 避免損失 |
| 上漲初期進場 | + | 看跌訊號出場 | = | 為自己加薪 |

周峰◎著

CONTENTS

散戶必須看懂大陽線，是分析趨勢的首要指標！

第3章

從這3種K線看出多空對比，主力意圖也一目了然

第4章

第5章 在上漲初期就進場，高手都是這樣快速獲利

第6章 牢記這5組看跌訊號及時出場，不怕被割韭菜

$ 第7章　幫你分類5組見底K線，看準就大膽進場！

$ 第8章　看準這5種見頂K線，就不會白白錯失賣出時機

Chapter **1**

從零看懂 K 線，
進入股市的第一步

新手必知的 K 線基礎知識

炒股中最重要的，是學會看懂 K 線圖，即看懂 K 線這本無字天書，它是所有投資人入市之初就必須掌握的基礎知識。對於短線投資人來說，K 線分析更是其行走市場的法寶，甚至是唯一有效的獲利工具。那麼，K 線究竟是什麼呢？下面進行詳細講解。

1-1-1　K 線的起源

K 線是用來記錄交易市場行情價格的曲線，因其形狀如同兩端有蕊芯的蠟燭，故在西方被稱為蠟燭圖（中國人習慣稱為陰陽線）。起源於日本德川幕府時代，當時日本大阪的堂島大米會所開始經營世界最早的期貨合約，K 線就是為記錄大米每天漲跌的價格而發明的。

K 線實際上是為考察市場走勢提供了一種視覺化的分析方法，簡潔而直觀，雖然不具備嚴格的邏輯推理性，卻相當具有統計意義。它真實、完整地記錄市場價格的變化，並反映價格的變化軌跡。

經過 300 多年演化，特別是經過西方社會近 30 來年的推廣，K 線技術目前被廣泛應用於股票市場、期貨市場、外匯市場、黃金白銀市場等領域，已成為技術分析中的最基本的方法之一。

1-1-2　K 線的組成

圖 1-1 是 2020 年 12 月 25 日到 2021 年 4 月 9 日上證指數每個交易日的 K 線圖。可以看出 K 線是一條柱狀線條，由實體和影線組成。實體上方的影線為上影線，下方的影線為下影線。

▲ 圖 1-1　上證指數（000001）的日 K 線

K 線由股價的開盤價、收盤價、最低價和最高價組成。實體分陽線和陰線，當收盤價高於開盤價時，實體部分一般是紅色或白色，稱為陽線；當收盤價低於開盤價時，實體部分一般是綠色或黑色，稱為陰線，如圖 1-2 所示。

K 線具有直觀、立體感強、訊息量大的特點，它吸收了中國古代的陰陽學說理論，蘊含著豐富的東方哲學思想，能充分顯示股價趨勢的強弱及買賣雙方力量的變化，從而較準確地預測後市。

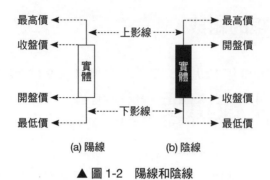

▲ 圖 1-2　陽線和陰線

　　利用 K 線圖，投資人可以對變化多端的股市行情一目了然。K 線圖最大的優點是簡單易懂，並且運用起來十分靈活；最大的缺點在於忽略了股價在變化過程中，各種紛繁複雜因素。

1-1-3　K 線的意義

　　K 線是一種陰陽交錯的歷史走勢圖，實際上包含著因果關係。從日 K 線圖上看，上個交易日是當前交易日的「因」，當前交易日是上個交易日的「果」；而當前交易日又是下個交易日的「因」，下個交易日是當前交易日「果」。正是這種因果關係的存在，股評家才能根據 K 線陰陽變化找出股市規律，並以此預測股價走勢。

　　K 線的規律體現為一些典型的 K 線或 K 線組合出現在某一位置時，股價或大盤指數將會按照某種趨勢運行，當這些典型的 K 線或 K 線組合再次出現在類似位置時，就會重複歷史的走勢。如底部出現早晨之星時，股價往往會由此止跌回升，掌握這一規律後，當再遇到底部出現早晨之星時，就可以判斷股價反轉在即，並考慮擇機建倉。

　　K 線的規律是投資人由長期實戰操作中摸索出來的，作為投資新手，需要在學習他人經驗的基礎上，經由實戰來提高自己的能力。

1-2

從 K 線可看出
這 4 種重要價格

　　以日 K 線為例（每個交易日形成一根），一根標準的 K 線，可以反映出每個交易日內的 9 種訊息，分別是開盤價、收盤價、最高價、最低價、實體、陽線、陰線、上影線、下影線。

　　● 開盤價：又稱開市價，是指每個交易日開盤後第一筆買賣成交的價格。收盤價：又稱收市價，是指每個交易日收盤前最後一筆買賣成交的價格。

　　● 最高價：指每個交易日成交價格中的最高價格，有時不只一筆。最低價：指每個交易日成交價格中的最低價格，有時也不只一筆。

　　● 實體：指開盤價與收盤價之間的波動幅度。

　　● 陽線：指收盤價高於開盤價，價格上漲。陰線：指開盤價高於收盤價，價格下跌。

　　● 上影線：指位於實體上方，實體與最高價之間的連線。下影線：指位於實體下方，實體與最低價之間的連線。

　　需要注意的是，每根 K 線都具有判斷和指導意義，主要是實體和影線，具體如下所述。

　　● 實體：指 K 線的實體部分，是股市買賣氣氛和力度的象徵。例如，大陽線象徵著上漲氣氛和買盤力度強烈，大陰線象徵著下跌氣氛和

賣盤力度強烈。

● 影線：是上漲或下跌過程中被折回後的痕跡。上影線象徵著股價的上漲遇到阻撓和反抗，下影線象徵著股價的下跌遇到阻撓和反抗。需要注意的是，上、下影線的長度與反抗力度成正比。

1-2-1　開盤價

為了更能掌握 K 線，投資人還需進一步深入瞭解開盤價、收盤價、最高價、最低價。開盤價是很多投資人深思熟慮一晚後的交易結果，如果沒有重大消息的影響，一支股票的開盤價應與昨日的收盤價保持一致，否則就說明開盤價很可能受到主力的干預。至於主力為什麼這麼做，則需要深入研究與思考。

1. 開高

一般來說，開高很多和開低很多的開盤，都是要衝破數個價位的買賣單，所以成交量也會較同期有所放大。開高如圖 1-3 所示。2021 年 2 月 19 日，電工合金（300697）的收盤價為 14.42 元，22 日開盤價為 14.94 元，即開高。需要注意的是，這一天成交量明顯放大。

開高的原因有很多，要根據具體情形判斷，主要有以下 4 種。

第一，內幕交易。內幕交易是主力與熟知者進行的一場有約定性的交易，例如主力或利益相關者的籌碼需要獲利套現，主力便會安排其在集合競價的狀態下進行交易，以完成某種特定意義的利益輸送行為。內幕交易常常會在集合競價階段完成，即在集合競價的狀態下完成利益輸送行為，這是因為此時還無法看到股價當天的運行趨勢。

此時，在某一高位進行大筆交易，不僅完成的時間非常短，且不影響股價隨後的正常運行，同時也避免在連續競價中要突破大量買賣盤

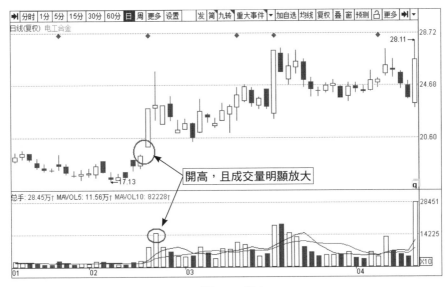

▲ 圖 1-3　開高

障礙才能完成該筆交易的麻煩。如果開盤後股價波動不大，且成交量也恢復正常，那麼說明集合競價中的上述行為，只是一次性的利益輸送。但這一看盤細節也意味著主力先讓利益相關者撤離，此後股價在短期內下跌的可能性相當大。

　　第二，主力對倒試盤、拉升或出貨。很多時候，主力喜歡經由開高很多的行為，使自己的股票一大早進入當日股市的「今日漲幅排名」，就可以得到短線投機者的關注，而這些數以萬計的短線投機者，基本上都是專業投資人，通常也都是大戶。主力經由開高、量大的特徵來吸引市場注意力，無非就是想測試買盤力量，為其後的拉升或出貨做好準備。圖 1-4 為滬深 A 股漲幅排名資訊。

　　第三，震盪盤整吸籌。在震盪整理過程中，如果個股莫名其妙地開高，並且交易量不大，隨後又無聲無息地任股價自行滑落，這可能是主力在做開盤價。主力經由製造開高走低的 K 線圖，可以恐嚇部分持

13

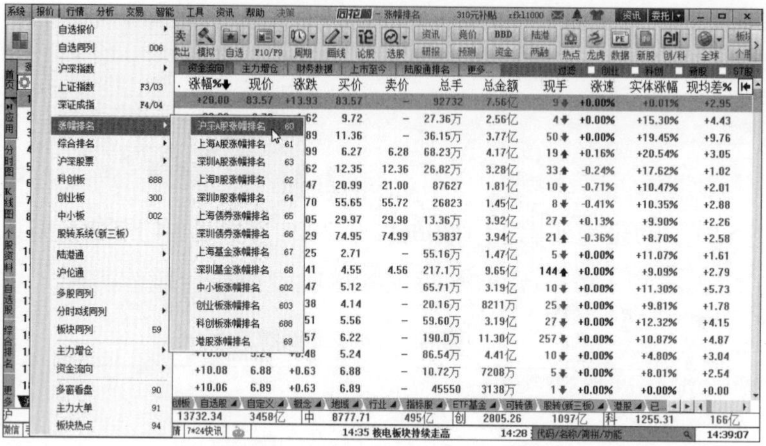

▲ 圖 1-4　滬深 A 股漲幅排名資訊

股者在隨後的震盪過程中出局。

第四，拉高吸籌。股票開高也可能是主力在採用打壓策略而不易獲得籌碼的情況下，反手所採取的高價收購的策略。其思路是：當股價開高甚至漲停後，必然會引起死氣沉沉的持股者注意，而當漲停板被打開或股價衝高回落之時，洶湧的賣盤就會接連掛出，正好落入主力口袋，這一現象主要發生在股票的底部區域，特別是新股的底部區域。

2. 開平

開平是最常見的開盤方式，但還是要格外注意成交量大的平價開盤。成交量大，是相對於同期的成交量來說的，比如開盤第一筆的成交量就達到前一個交易日成交量的 1/10。這種開盤現象常常有兩種可能，具體如下所述。

第一，主力與大戶之間的一次內幕交易。大戶與主力相識，由於種種原因需要將籌碼兌現，與主力協商後在集合競價時間段交易。

第二，主力用幾個帳戶對倒開盤。主力利用自己的多個帳戶對倒

放大量開盤，以此吸引市場投資人，特別是短線投機者的注意力。對倒開盤說明主力有所動作，值得投資人關注，但此時還無法確定主力是想向上大幅拉升股價，還是想誘多出貨。

在股票的分時走勢圖中，可以看到股票當前交易日的成交明細，如圖 1-5 所示的是電工合金（300697）2021 年 4月 14 日的成交明細。明細中可以看到，9:15 至 9:25 時電腦接收股票集合競價明細，9:30 時可以看到連續競價明細，即開盤成交價格及成交量。

电工合金 300697 成交明细　☐ 筛选　大单下限 200　大单上限　手

首页　应用　分时图　K线图　个股资料　自选股　综合排名　牛叉诊股　更多

时间	成交	现手	笔数	时间	成交	现手	笔数	时间	成交	现手	笔数	时间	成交	现手	笔数
09:15	8.61	11 ←	0	09:20	10.88	53 ←	0	09:30	10.43	57 ↓	19	09:31	10.64	1 ↓	1
09:15	8.58	16 ←	0	09:21	10.88	53 ←	0	09:30	10.48	13 ↑	7	09:31	10.66	5 ↑	1
09:15	8.58	109 ←	0	09:21	10.88	53 ←	0	09:30	10.54	270 ↑	23	09:31	10.69	34 ↑	5
09:15	8.58	125 ←	0	09:21	10.88	56 ←	0	09:30	10.51	59 ↓	19	09:31	10.69	27 ↓	13
09:16	8.58	132 ←	0	09:21	10.88	56 ←	0	09:30	10.55	73 ↑	14	09:31	10.70	15 ↑	4
09:16	8.58	207 ←	0	09:22	10.88	56 ←	0	09:30	10.55	27 ↓	4	09:31	10.71	2 ↑	2
09:16	8.58	244 ←	0	09:22	10.88	56 ←	0	09:30	10.56	35 ↑	10	09:31	10.71	4 ↓	3
09:16	8.58	375 ←	0	09:22	10.84	56 ←	0	09:30	10.60	112 ↑	14	09:31	10.71	125 ↓	19
09:16	8.58	409 ←	0	09:22	10.84	57 ←	0	09:30	10.58	76 ↑	13	09:31	10.70	98 ↓	31
09:16	8.58	426 ←	0	09:23	10.69	110 ←	0	09:30	10.58	19 ↓	2	09:31	10.70	36 ↓	27
09:17	8.58	502 ←	0	09:23	10.69	111 ←	0	09:30	10.58	57 ↓	18	09:32	10.71	26 ↑	13
09:17	8.58	581 ←	0	09:23	10.69	116 ←	0	09:30	10.62	80 ↑	10	09:32	10.70	17 ↓	9
09:17	8.58	581 ←	0	09:23	10.60	132 ←	0	09:30	10.58	28 ↓	8	09:32	10.71	17 ↑	7
09:17	8.58	581 ←	0	09:24	10.60	132 ←	0	09:30	10.57	2 ↑	2	09:32	10.75	195 ↑	13
09:17	10.66	12 ←	0	09:24	10.60	183 ←	0	09:30	10.58	26 ↑	7	09:32	10.77	71 ↓	36
09:17	10.73	12 ←	0	09:24	10.60	216 ←	0	09:31	10.55	3 ↓	5	09:32	10.80	57 ↑	14
09:17	10.66	12 ←	0	09:24	9.08	342 ←	0	09:31	10.60	107 ↑	20	09:32	10.80	198 ↑	10
09:18	10.66	12 ←	0	09:24	10.00	343 ←	0	09:31	10.60	24 ↑	4	09:32	10.81	63 ↑	9
09:18	10.73	12 ←	0	09:24	10.00	374 ←	0	09:31	10.57	30 ↓	4	09:32	10.80	75 ↓	9
09:18	10.76	12 ←	0	09:25	10.44	374 ←	0	09:31	10.56	279 ↑	30	09:32	10.85	35 ↑	7
09:19	10.76	12 ←	0	09:25	10.50	458 ↓	45	09:31	10.58	23 ↑	17	09:32	10.82	16 ↑	4
09:19	10.76	12 ←	0	09:30	10.41	568 ↓	42	09:31	10.60	46 ↑	31	09:32	10.80	48 ↓	8
09:19	10.92	51 ←	0	09:30	10.41	486 ↑	41	09:31	10.62	29 ↑	12	09:32	10.80	77 ↓	4
09:20	10.89	53 ←	0	09:30	10.41	294 ↑	16	09:31	10.65	9 ↑	8	09:32	10.81	302 ↓	28
09:20	10.88	53 ←	0	09:30	10.43	89 ↑	14	09:31	10.65	5 ↑	4	09:32	10.84	10 ↑	5

▲ 圖 1-5　電工合金（300697）2021 年 4 月 14 日的成交明細

3. 開低

如圖 1-6 所示的是華西證券（002926）2020 年 11 月 12 日至 2021 年 4 月 14 日的日 K 線圖。2021 年 1 月 15 日，該股收盤價為 11.82 元；2021 年 1 月 18 日開盤價為 11.46 元，即開低。

▲ 圖 1-6　華西證券（002926）日 K 線

開低很多的開盤，常有以下 3 種原因。

第一，內幕交易。主力的朋友或利益相關者可能需要拿一些低價籌碼，因而主力就會安排其在集合競價的狀態下進行交易，俗稱「發紅包」。這種現象意味著主力遲早會拉升股價，或者當天就會拉升股價。所以，開低很多的開盤現象值得投資人關注，這從當日「今日跌幅排名」中可以找到蛛絲馬跡。它的特徵是：開低後股價瞬間回位，可能繼續前一個交易日的走勢，也可能馬上就上漲。

第二，震倉或吸籌。在股票階段性上漲時，經由使股價開低走低的方式，主力可以誘使賣盤出來，以達到震倉目的。震倉過程可能只有幾十分鐘，也可能持續幾天，這要看主力的計畫和策略。如果當時的買盤比較積極，股價可能當天就能還原；如果沒有出現適當的成交量，則說明主力沒有逼出賣盤，後面會繼續震倉。

此外，打壓吸籌也是主力常用的一種方式，只是它常出現在股票

的底部區域。震倉的目的是使震出的股票主要被市場中的其他投資人接走，以此提高持倉成本，便於後面高股價的穩定；吸籌的目的是使震出的股票，主要被主力所吸收。

　　第三，出貨。開低出貨是最常見的出貨方式之一，識別它的前提是個股前期漲幅過大，至於漲幅何謂大、何謂小，每支股票不能一概而論，需要投資人加以分析。當主力要出貨時，有時會出現不顧一切的砸盤動作，開低甚至跌停開盤都很正常。

1-2-2　收盤價

　　收盤價作為一天交易的總結，往往是全天交易最集中、多空較量最激烈的一段時間，對下一個交易日的盤面走勢有重要的指標作用。

　　在股市中，成交量與股價的關係（簡稱量價關係）歷來受到技術分析派的重視。而在成交價的四個重要指標（開盤價、最高價、最低價和收盤價）中，最重要的就是收盤價。這是因為計算各種技術指標時，往往用得最多的是收盤價。

　　此外，尾盤是多空一日拼鬥的結果，開盤是序幕，盤中是過程，收盤才是定論。在股市中，臨收市前半小時甚至 15 分鐘的變化，往往對第二個交易日開盤及前一個小時的走勢有一定的影響。所以收盤價有一種承前啟後的特殊意義，既能回顧前市，又可預測後市。

1-2-3　最高價

　　最高價是指股票在每個交易日，從開市到收市的交易過程中，所產生的最高價格。需要注意的是，股市有漲停板制度，即為了減少股市交易的投機行為，規定每支股票每個交易日的漲跌幅度，達到上漲上限

幅度的，就稱為漲停。（編按：台灣現行法規為，上市上櫃掛牌股票當天股價最高限制價格，是以前一日收盤價的 10% 為限。）

1-2-4　最低價

最低價是指股票在每個交易日，從開市到收市的交易過程中所產生的最低價格。需要注意的是，股市也有跌停板。（編按：台灣現行法規為，上市上櫃掛牌股票當天，股價下跌至低於前一日收盤價的 10% 時，成交價格就不能再繼續往下了。）

1-3

可用型態或時間來分類 K 線

K 線按不同的標準來分，可以劃分為不同類型，以下作具體講解。

1-3-1　按型態來分類

按型態來分類，K 線可以分為 3 種，分別是陽線、陰線和同價線。

1. 陽線

即收盤價高於開盤價的 K 線，陽線按實體大小可分為大陽線、中陽線和小陽線，如圖 1-7 所示。

2. 陰線

即收盤價低於開盤價的 K 線，陰線按實體大小可分為大陰線、中陰線和小陰線，如圖 1-8 所示。

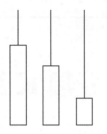

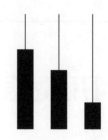

▲圖 1-7　大陽線、中陽線和小陽線　　　▲圖 1-8　大陰線、中陰線和小陰線

3. 同價線

同價線是指收盤價等於開盤價，兩者處於同一個價位的一種特殊形式的 K 線，同價線常以「十」字形和「T」字形表現，所以又稱十字線和 T 字線。同價線依照上、下影線的長短、有無，又分為長十字線、十字線、T 字線、倒 T 字線和一字線，如圖 1-9 所示。

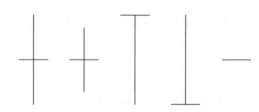

▲圖 1-9　長十字線、十字線、T 字線、倒 T 字線和一字線

1-3-2　按時間來分類

按時間來分類，K 線可分為兩種類型，即短週期 K 線和中長週期 K 線。其中，短週期 K 線包括 1 分鐘 K 線、5 分鐘 K 線、15 分鐘 K 線、30 分鐘 K 線、60 分鐘 K 線、日 K 線等。

以下舉例某炒股軟體，在日 K 線圖狀態下，按一下工具列，彈出下拉式功能表，如圖 1-10 所示。

▲ 圖 1-10　日 K 線圖的週期下拉式功能表

在下拉式功能表中，按下「30分鐘」選項，就可以看到上證指數的 30 分鐘 K 線圖，如圖 1-11 所示。

▲ 圖 1-11　上證指數（000001）的 30 分鐘 K 線

中長週期K線包括週K線、月K線、季K線、年K線。

在下拉式功能表中，按下「年線」選項，就可以看到上證指數的年K線圖，如圖1-12所示。

▲ 圖1-12　上證指數（000001）的年K線

不同的K線有不同作用，短週期K線反映的是股價短期走勢；長週期K線反映的是股價超中長期走勢。

所有K線的繪製方法都相同，即取某一時段的開盤價、收盤價、最高價、最低價進行繪製。如週K線，只需找到週一的開盤價、週五的收盤價，一週中的最高價和最低價，就能把K線繪製出來。

今日電腦軟體已相當普及，不需要手工繪製各種K線圖，但投資人最好懂得其原理及繪製方法，對研究判斷股票走勢很有幫助。

1-4

從強勢到無勢的 4 種 K 線

一幅連續的 K 線分析圖，是由無數的 K 線所組成的，而每根 K 線都有其自身的含義。K 線可以分為強勢 K 線、較強勢 K 線、弱強勢 K 線和無勢 K 線。

1-4-1 強勢 K 線的識別

強勢 K 線共有 4 種類型，分別是光頭光腳陽線、光頭光腳陰線、大陽線和大陰線。這些強勢 K 線若出現在趨勢的末端，則很可能盛極而衰，如圖 1-13 所示。

- 光頭光腳陽線：意味著極端強勢上漲，後市看多。
- 光頭光腳陰線：意味著極端強勢下跌，後市看空。
- 大陽線：意味著強勢上漲，後市看多。
- 大陰線：意味著強勢下跌，後市看空。

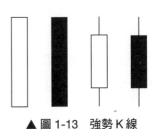

▲ 圖 1-13 強勢 K 線

1-4-2　較強勢 K 線的識別

較強勢 K 線共有 4 種類型，分別是光頭陽線、光頭陰線、光腳陰線。這些較強勢 K 線若出現在趨勢的末端，則已顯示疲軟之勢，如圖 1-14 所示。

- 光頭陽線：意味著較強勢上漲，影線表示曾一度遭遇空方反擊。
- 光頭陰線：意味著較強勢下跌，影線表示曾一度遭遇多方反擊。
- 光腳陽線：意味著較強勢上漲，影線表示遇到空方反擊。
- 光腳陰線：意味著較強勢下跌，影線表示遇到多方反擊。

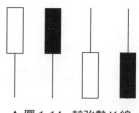

▲ 圖 1-14　較強勢 K 線

> **專家提醒**
>
> 這 4 種 K 線說明對方曾經反擊過，儘管尚未成功，但要注意反擊已經開始。

1-4-3　弱強勢 K 線的識別

弱強勢 K 線從圖形上來看是四種，其實是兩種，如圖 1-15 所示，1 和 2 是一種，3 和 4 是一種。如果弱強勢 K 線出現在趨勢的末端，往往有變局的意味。

1 和 2 如果出現在連續上漲的頂部，稱為上吊線，表示曾遇到劇烈反擊，後市有變；如果出現在連續下跌的底部，則稱為錘子線，也表示

曾遇到劇烈反擊，後市有變。

　　3 和 4 如果出現在連續上漲的頂部，稱為射擊之星或流星線，意味摸高受阻，後市有變；如果出現在連續下跌的底部，則稱為倒錘子線，意味曾經大漲，後市有變。

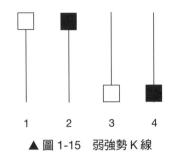

▲ 圖 1-15　弱強勢 K 線

專家提醒

弱強勢 K 線都有較長的影線，出現在連續運動後，說明對手劇烈反擊過，後市有變。

1-4-4　無勢 K 線的識別

　　無勢 K 線表示趨勢僵持不下，但如果出現在趨勢的末端，比前面的大陰陽線，則更有變局之意，如圖 1-16 所示。

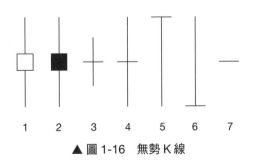

▲ 圖 1-16　無勢 K 線

1、2和3分別表示小陽線、小陰線、十字星線，當它們出現時，一般不能確定後市運動方向。但在連續上漲後出現，說明漲勢停頓，後市有變；在連續下跌後出現，說明跌勢停頓，後市有變。

4為長十字線，又稱為長十字星線，其意義與十字星線一樣，但疲軟的性質和僵持的意義更強烈。

5如果出現在連續上漲的頂部，稱為風箏線，這表示遇到劇烈反擊，後市有變；如果出現在連續下跌的底部，則稱為多勝線，也表示曾遇到劇烈反擊，後市有變。

6如果出現在連續上漲的頂部，稱為靈位線，這表示摸高受阻，後市有變；如果出現在連續下跌的底部，則稱為空勝線，這表示遇到過劇烈反擊，後市有變。

專家提醒

上面這6種無勢K線，說明多、空雙方僵持不下，失去方向感。但在連續漲、跌勢的末端，則往往意味著情況不妙。

7為一字線，說明開盤價、收盤價、最高價、最低價在同一價位，出現於股市中的漲跌停板處。

整體來說，陽線實體越長，越有利於價格上漲；陰線實體越長，越有利於價格下跌。但連續強勢上漲後，須謹防盛極而衰；連續強勢下跌之後，可能否極泰來。

如果影線相對實例來說非常小，可以忽略不計，即等同於沒有；如果影線很長，則說明多、空雙方爭鬥非常劇烈，後市不確定。十字星的出現往往是過渡訊號，而不是反轉訊號，它意味著市場暫時失去方向感，投資人可以再繼續觀察幾個交易日。

1-5

分析 K 線時該有的正確觀念

初學 K 線，不能只看表面現象，K 線在不同位置、不同時間，所傳遞的訊息不同，具體如下所述。

第一，市場中沒有放之四海皆準的方法，利用 K 線分析股市也僅僅是經驗性的方法，不能迷信。

第二，分析 K 線必須結合關鍵位置上的表現，即要看股價在支撐位、壓力位、成交密集區、有意義的整數區、絕對高位、相對高位、絕對低位、相對低位等關鍵位置的表現形式。

第三，K 線分析方法必須與其他方法相結合，已經用其他分析方法做出買賣決策後，再用 K 線選擇具體的出入市時機。

第四，注意對關鍵 K 線的分析，即對大陽線、大陰線及重要的 K 線組合的分析，另外還要關注重要 K 線的成交量。

第五，分析時要看一系列 K 線的重心走向，也就是 K 線均價的走向。

第六，根據自己的實戰經驗，加深認識和理解 K 線和 K 線組合的內在和外在意義，並在此基礎上不斷修改、創造和完善一些 K 線組合，做到「舉一反三，觸類旁通」。

總之，對於 K 線，最重要的是它的相對位置，不同位置意味著不同

價格區間;其次它是什麼模樣,即是帶影線還是不帶影線、多長或多短等;最後才是它的顏色,是陰線或者陽線,千萬不要因為大陽線或大陰線就匆忙下結論。

有時,對於連續出現的幾根 K 線,也許不容易識別其意義。我們不妨做些簡化或壓縮工作,經由將連續的幾根 K 線簡化成一根 K 線的形式,能更直觀地瞭解價格運動的本質,如圖 1-17 所示。

簡化 K 線的方法具體如下所述。

第一,取第一根 K 線的開盤價,作為簡化後的開盤價。

第二,取所有 K 線中的最高價,作為簡化後的最高價。

第三,取所有 K 線中的最低價,作為簡化後的最低價。

第四,取最後一根 K 線的收盤價,作為簡化後的收盤價。

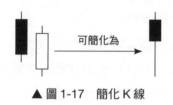

▲ 圖 1-17 簡化 K 線

簡化 K 線的目的,是讓我們更直觀、更清楚地認識 K 線,從而瞭解 K 線的本質。但要注意並不是所有的相鄰 K 線都可以簡化,如圖 1-18 所示。隨著炒股時間的增加,投資人一旦明白 K 線的本質,就沒有必要做簡化動作了。

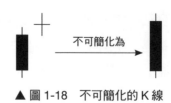

▲ 圖 1-18 不可簡化的 K 線

1-6

 一張表帶你看懂 K 線
組合型態

1-6-1　K 線組合

　　單根 K 線在實戰運用過程中，往往會發出錯誤的訊號，但如果將幾根 K 線按不同的規則組合在一起，就會形成不同的 K 線組合。K 線組合可以傳遞更多訊息，投資成功率就會大大提升。

　　底部看漲 K 線組合出現時，告訴投資人股價很快就會上升，要趕快建倉；頂部看跌 K 線組合出現時，告訴投資人風險已變大，要及時獲利了結。

　　K 線組合方式多種多樣，實戰價值最高的有希望之星、黃昏之星、紅三兵、黑三鴉、塔形頂、塔形底等經典組合。經由掌握 K 線組合，投資人可以增強盤感，從而提升自己洞察盤面、捕捉交易訊號的能力。

專家提醒

各種經典 K 線組合，後面章節會詳細講解，這裡不再展開。

1-6-2　K線型態

　　K線型態分析源於西方的技術分析。眾所周知，K線圖是記錄股票價格的一種方式，股價起起落落時，都會在圖形中留下一些交易者購買或拋售的痕跡。K線型態分析就是根據圖形中過去所形成的特定價格型態，預測價格未來發展趨勢的一種方法。當然，這是一種純粹的經驗性統計，因為在股票購買或拋售的過程中，K線圖常常會表現出一些可以理解的、重複的價格型態，如M頭、W底等。

　　股價的運行總是伴隨著上漲和下跌，如果在某一時期趨勢向上，雖然有時出現下跌卻不影響升勢，即股價不斷創出新高，使投資人看好後市；如果在某一時期趨勢向下，雖然有時出現上漲卻不影響跌勢，即股價不斷創出新低，使投資人看淡後市。

　　從一種趨勢向另一種趨勢轉換，通常需要一段醞釀時間，在這段時間內，趨勢如果轉換成功，就是反轉型態；如果轉換不成功，即還依照原來的趨勢運行，就是持續型態。K線型態如圖1-19所示。

1. 反轉型態

　　反轉型態的形成，起因於多空雙方力量失去平衡，變化趨勢中，一方的能量逐漸被耗盡，另一方轉為相對優勢。它預示著趨勢方向反轉，股價在多空雙方力量平衡被打破之後，正在探尋新的平衡。在股市中，反轉型態是重要的買入或賣出訊號，投資人有必要掌握並靈活運用它。

　　反轉型態分為兩類，即底部反轉型態和頂部反轉型態。底部反轉型態共6種，即頭肩底、雙底、三重底、圓底、V形底、底部島形反轉。頂部反轉型態也有6種，即頭肩頂、雙頂、三重頂、圓頂、V形頂、頂部島形反轉。

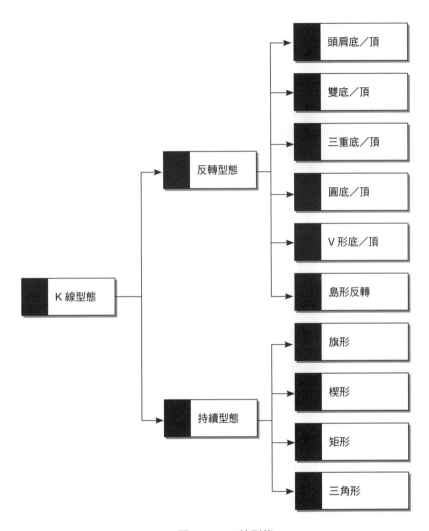

▲ 圖 1-19　K 線型態

2. 持續型態

　　股價在向某個方向經過一段時間快速運行後，不再繼續原趨勢，而是在一定區域內上下窄幅波動，等時機成熟後再繼續前進。這種不改變股價運行基本走勢的型態，被稱為持續型態。

持續型態的完成過程，往往不會超過 3 個月，而且多數出現在日 K 線圖上，週 K 線圖上很少出現，在月 K 線圖中幾乎沒有出現過。持續時間不長的原因是，持續經不起太多的時間消耗，士氣一旦疲軟，則繼續原有趨勢就會產生較大的壓力。

對於持續型態，如果你是中長線投資人，在整個持續型態中可以不進行操作，等形勢明朗後再具體操作。但對於短線投資人來說，不可以長達 3 個月不進行操作，而應以 K 線的逐日觀察為主。

也就是說，當股價在這些型態中來回折返的時候，也會產生很多次短線交易機會。因此，短線投資人對長期價格型態並不在意，而僅僅是對某些重要的突破位比較在意。

持續型態共有 9 種，分為 3 類，第一類是經過短暫的持續後，股價向上突破，如上升三角形、上升和下降楔形；第二類是經過短暫的持續後，股價向下突破，如下降三角形、下降旗形、上升楔形和擴散三角形；第三類是在持續過程中，多空雙方力量勢均力敵，不能確定是向上突破還是向下突破，一切都由盤面而定，如收斂三角形和矩形。

1-7

用 3 個技巧快速學會看 K 線

　　面對型態各異的 K 線及其組合，投資人有時很迷惑。看漲時不漲，看跌時不跌，或看對了方向，但沒有抓住賺錢的機會，這正是投資人沒有正確認識和熟練運用 K 線的結果。

　　若想真正發揮 K 線威力、快速看懂 K 線圖，需要注意三點，分別是看 K 線的陰陽、數量及重心方向；看 K 線實體大小及上下影線長短；看 K 線要關注成交量，如圖 1-20 所示。

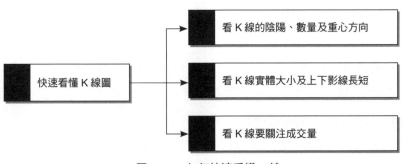

▲ 圖 1-20　如何快速看懂 K 線

1-7-1　看 K 線的陰陽、數量及重心方向

陰陽代表多空雙方的力量變化對比，象徵股價行情趨勢的上漲和下跌。陽線代表多方力量強於空方力量，表示股價處於上升行情中，並可能繼續上漲；陰線代表空方力量強於多方力量，表示股價處於下跌行情中，並可能繼續下跌。

以陽線為例，經過一段時間的多空雙方搏鬥之後，收盤時若收盤價高於開盤價，表示多方力量佔據上風，在沒有外力作用下，股價仍可能按照原來的方向和速度運行，一段時間內可能繼續慣性上行。

因此，陽線預示著後市股價仍會繼續上漲。這符合技術分析中三大假設之一的價格呈趨勢性波動，這種趨勢性即「順勢而為」，正是技術分析中最應該遵守的操盤理念。

專家提醒

技術分析的三個基本假設，分別是市場行為包容消化一切、價格以趨勢方式演變、歷史會重演。

一般來說上漲行情中，陽線數量若要多於陰線，這時股價的重心是向上的，預示著價格仍可能繼續慣性上漲，投資人手中的籌碼如果繼續持有，就可以實現躺著賺錢了。

反之，在下跌行情中，陰線數量若多於陽線，這時股價的重心是向下的，預示著價格仍可能繼續慣性下跌。手中還有籌碼的投資人要及時停損，否則虧損會越來越大，如圖 1-21 所示。

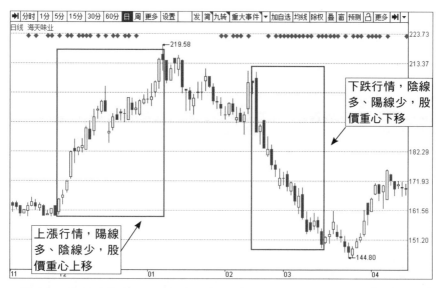

▲ 圖 1-21　海天味業（603288）2020 年 11 月 13 日至 2021 年 4 月 15 日的日 K 線

1-7-2　看 K 線實體大小及上下影線長短

　　大陽線、大陰線、小陽線、小陰線、十字星等各式各樣的 K 線構成了一個複雜的股市，又因為各種 K 線組合的不同、各種 K 線的分析週期不同，記錄著不同的股市行為，還在一定程度上預示著行業未來的發展趨勢。

　　實體大小代表股市行情發展的內在動力，實體越大，上漲或下跌的趨勢越明顯；反之，趨勢不明。以陰線為例，陰線的實體越長，說明空頭的力量越強大，代表著下跌動能越大，其下跌動能大於實體較小的陰線。同理，陽線實體越大，上漲動能越大。

　　影線代表可能的轉折訊號，向一個方向的影線越長，越利於價格向相反方向變動，即上影線越長，越利於股價下行；下影線越長，越利於股價上行。以上影線為例，經過一段時間的多空搏鬥之後，多頭終於

在重壓之下敗下陣來，不論 K 線是陰還是陽，長上影線已構成下一階段的上漲壓力，價格向下運行的可能性更大。同理，下影線暗示著價格向上攻擊的可能性更大，如圖 1-22 所示。

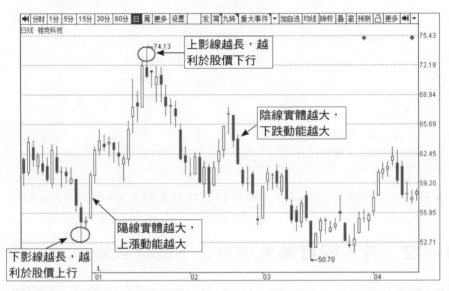

▲ 圖 1-22　雅克科技（002409）2020 年 12 月 11 日至 2021 年 4 月 15 日的日 K 線

1-7-3　看 K 線要關注成交量

　　成交量代表的是股市資金力量的消耗，表示多空雙方搏鬥的動能大小和激烈程度，而 K 線是搏鬥的結果。只看 K 線不關注成交量，就無法對股價後期的走勢作出正確的判斷。成交量是動因，K 線是結果，要想瞭解每根 K 線的內在動能大小，必須結合成交量來分析。如圖 1-23 所示，為海天味業（603288）2020 年 11 月 16 日至 2021 年 4 月 15 日的日 K 線和成交量。

　　例如出現大陰線，表示下跌力量很強，價格繼續下跌的可能性很

大。再結合成交量來分析，這一天成交量也很大，表示多空雙方激烈搏鬥之後，空方力量完勝，後市繼續下跌的可能性很大。因此手中還有籌碼的投資人最好及時賣出，然後持續觀望。

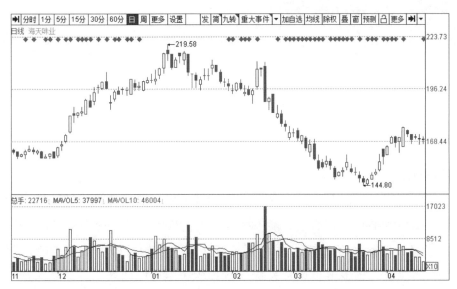

▲ 圖 1-23　海天味業（603288）日 K 線和成交量

1-8

帶你從 K 線看個股和 大盤趨勢

　　K 線作用很大，利用 K 線可以判斷大盤或個股的大勢，下面來詳細講解如何利用 K 線識大勢。

　　想利用 K 線瞭解大盤、個股運行趨勢，只有登高遠眺，然後從大到小、由粗到細詳細觀察，才能如願以償。例如，要查看某支股票時，先看它的月 K 線、季 K 線，甚至年 K 線，就可以對該股票的整體運行情況有所瞭解。然後再看其週 K 線、日 K 線，還可以放大一些重點部分。近期趨勢則要看它的 60 分鐘 K 線、30 分鐘 K 線，甚至 5 分鐘 K 線。

　　這樣由大到小、由粗到細查閱和研究 K 線圖有何好處呢？

　　經由查看大盤的年 K 線或月 K 線，就可以瞭解大盤 20 年來究竟是如何走的。

　　例如，月 K 線 5 連陰，就要想到會出現一次報復性反彈，甚至反轉，所以投資人看到月線 5 連陰後，不要再盲目斬倉。

　　又如，看到某月的月 K 線實體特別長，技術上稱為巨陽線，巨陽線之後就是一輪持續的下跌，原因是短期內升幅過大，透支了未來行情，當然要整理。所以投資人看到巨陽線後要心中有數，無論當時日 K 線走勢有多好都是表面現象，總體整理趨勢是不會改變的，這時一定要逢高減倉或退出觀望。

　　另外，投資人從月 K 線上還可以看到大盤現在的技術圖形，如頭肩頂、雙頭、雙底、頭肩底，並且能夠明確技術圖形的頸線在什麼位置，密集成交區在什麼位置等等，這些都是投資人需要注意的。K 線技術圖形在後面章節會詳細講解，這裡不再多說。

　　總之，投資人不能只看日 K 線，因為這樣有點坐井觀天的味道。也不能看日 K 線、週 K 線、月 K 線時不去互相對照、重點分析，讓查看 K 線圖始終處於一種無序狀態。如果這樣，投資人就不能瞭解大盤或個股的整個運行趨勢，更不能感受 K 線的作用和魅力。

專家提醒

分析某支股票時，可以把它與屬於同一板塊的個股相互對照；分析某一時期的強勢股時，可以把不同時期的強勢股 K 線圖拿出來互相對照。如此就可以發現一些別人看不見的東西，從而在實際操作時有巨大幫助，且獲利更高。

1-9

K 線運用的注意事項

每一張 K 線圖都試圖向投資人做出手勢，告訴投資人市場正在發生的變化。

投資人只有靜下心來，才能看明白市場在告訴我們什麼，並且辨別訊息是不是主力的真正意圖。例如根據 K 線理論，某 K 線告訴投資人可以加倉跟進，但也有可能是主力在反技術操作，即誘多，這時投資人一旦加倉，就很可能被套。

K 線不是一門科學，而是一種行為藝術和投資哲學的實踐，其本質是市場群體心理因素的集中反映。投資人可以掌握它的性，但把握不了它的度，它給每個人留下太多主觀判斷的空間。如果試圖量化它，則最終不得不陷入敗局。如著名的投資大師江恩，晚年也只記錄手法和操作規則，而不言其他。

在股票市場，沒有完美的分析技術，即任何技術都有其缺點，K 線的缺點就是發出的錯誤訊號太多，當然優點也很明顯，就是可以賣個高價獲得較大的收益。所以投資人在利用 K 線技術進行操作時，分析 K 線不能拘泥於圖形，而要究其內在的本質，洞悉多空雙方的力量對比變化。

對於 K 線技術，投資人一定要在心中熟記常用的 K 線圖，並且明

白其具體意義及發出的買賣訊號，然後再結合市場特徵、主力操作手法、其他分析技術綜合研判，最終作出買賣決定。

專家提醒

任何技術都是在特定條件下運用才是正確的。

Chapter 2

K 線的支撐與壓力，
會告訴你該買進或賣出

2-1

支撐和壓力是什麼？
怎麼形成的？

下面來看一下什麼是支撐和壓力，及支撐和壓力是怎樣形成的。以下利用買賣雙方的力量，來描述支撐和壓力。

2-1-1　什麼是支撐和壓力

支撐是指在下跌途中，買方力量逐漸累積，直到與賣方力量能夠抗衡，這樣股價就跌不下去了，從而形成支撐的區域，即支撐。

壓力是指在上漲途中，賣方力量逐步增大，直到與買方力量達到均衡，這樣股價就漲不上去了，從而形成壓力的區域，即壓力。

在上升趨勢中，支撐和壓力呈現一種不斷上升的型態，如圖 2-1。

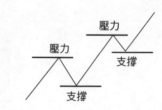

▲ 圖 2-1　上升趨勢中的支撐和壓力

在下降趨勢中，支撐和壓力呈現一種不斷降低的型態，如圖 2-2。

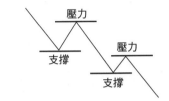

▲ 圖 2-2　下降趨勢中的支撐和壓力

需要注意的是，在上升趨勢中，壓力代表上升過程中的停頓，通常在充分整理後，會衝破該壓力，繼續向更高點前進。在下降趨勢中，支撐代表下跌過程中的停頓，通常經過小幅反彈之後，價格會跌破支撐，繼續向更低點前進。

2-1-2　支撐是怎麼形成的

股市價格在支撐區域震盪盤整一段時間後，累積了較大成交量，當股價由上向下向支撐線靠近時，空方獲利籌碼已清，手中已無打壓拋空籌碼。這時多方就會趁低吸納買進，形成需求。另外，部分套牢者套牢已深且久，手中的籌碼鎖定不會輕易賣出，故在這一價格區間需求大於供給，自然形成強有力的支撐，如圖 2-3 所示。

長城汽車（601633）的股價經過一波上漲之後，開始橫盤整理。在盤整過程中，每當價格回檔到 25 元附近時，價格就開始止跌上行，當價格上行到 28.5 元附近時，價格又開始下行，就這樣來回震盪。這表示價格在 25 元附近，空方力量已小於多方力量；而當價格上漲到 28.5 元附近時，多方力量又小於空方力量。

就這樣在 25 元附近形成支撐，在 28.5 元附近出現壓力。所以在 25

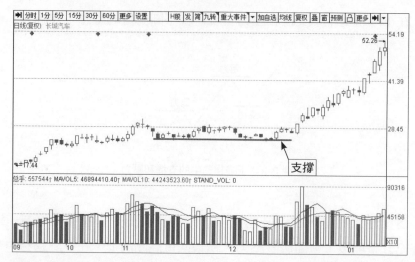

▲ 圖 2-3　長城汽車（601633）2020 年 9 月 24 日至 2021 年 1 月 13 日的日 K 線

元附近可以進場做多，當價格上漲到 28.5 元附近即可賣出。

　　需要注意的是，當前是上升趨勢，價格向上突破的機率很大，所以當價格向上突破時，籌碼可以繼續持有。如果手中沒有籌碼或者籌碼太少，可以在突破時繼續買入該股票。

2-1-3　壓力是怎麼形成的

　　和支撐一樣，壓力通常也出現在成交密集區，這個區間累積了較多成交量，當股票價格在該密集區以下時有大量套牢者。每當股價上漲到該區域時，特別是接近壓力線時，套牢者就會急於解套而賣出，於是有大量賣盤者出現，股票供給大於需求，所以這時股價很容易下跌。當價格下跌到支撐位時，對後市看好的投資人又會買進，價格再度回升，就這樣反覆多次，上方壓力就形成了，如圖 2-4 所示。

　　浪莎股份（600137）的股價經過一波反彈，最高反彈到 17.21 元，

隨後價格開始震盪下跌。經過兩週下跌之後，價格又開始橫盤整理，每當價格反彈上漲到 16 元附近時，價格就會受壓下行，但每當價格下跌到 15.50 元附近時，價格又開始反彈上行。

　　如此反反覆覆震盪一個多月，於是在 16 元附近出現了壓力，在 15.50 元附近出現了支撐。需要注意的是，當前是下跌行情，投資人可以在 15.50～16 元做短線，但一旦價格跌破 15.50 元，投資人要及時賣出手中的籌碼，否則就會越套越深。

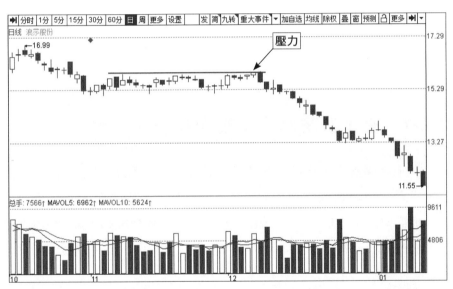

▲ 圖 2-4　浪莎股份（600137）2020 年 10 月 15 日至 2021 年 1 月 13 日的日 K 線

2-2

在不同趨勢中的應用
和判別技巧

前面講解了支撐與壓力的基礎知識，下面來講解一下支撐與壓力的應用。

2-2-1　在上升趨勢中支撐與壓力的應用

在上升趨勢中，支撐與壓力是逐步上移的。每當價格回檔到支撐位附近時，可以買入股票；當股價上漲到壓力位附近時，可以賣出股票。但需要注意的是，一旦價格突破壓力位，手中的籌碼就不要再賣出了，而應繼續持有。當然如果投資人手中還有資金，還可以繼續加倉買進。

如圖 2-5 所示的是金發科技（600143）2020 年 6 月 23 日至 2021 年 1 月 26 日的日 K 線圖。該股股價創出 12.97 元低點後，開始上漲，經過半個月時間的上漲，最高上漲到 18.69 元，然後出現橫盤整理走勢。在橫盤震盪過程中，每當價格回檔到 15.5 元附近，價格就得到支撐開始上漲；但每當上漲到 18.5 元附近，價格就會再度受到壓力而下行。

所以 15.5 元附近就是支撐位，也就是買入點，即 A、C、E、G 點都可以買入該股票。18.5 元附近就是壓力線位，也就是賣出點，即 B、

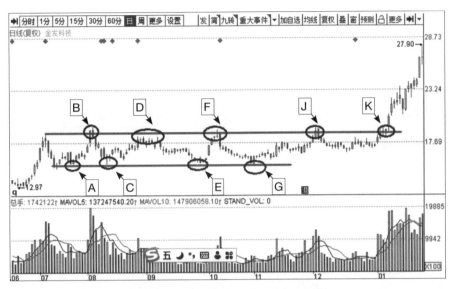

▲ 圖 2-5　金發科技（600143）日 K 線

D、F、J 點都可以賣出手中的股票。但需要注意的是，在 K 點股價突破了壓力，這意味著橫盤整理行情結束，又開始一波上漲行情，手中的籌碼繼續持有即可。如果手中還有資金，要果斷加倉買進該股票，因為上漲趨勢才是真正賺錢的好機會。

　　但上漲行情也不會一直漲下去，總有一天會反轉向下的。所以當股價經過較大幅度上漲之後，再度出現橫盤整理時，就要小心了。一旦價格跌破支撐位，就可能開始真正的下跌行情了，這時手中還有籌碼的投資人，要及時賣出該股票。

　　如圖 2-6 所示的是中科曙光（603019）2020 年 4 月 28 日至 2020 年 9 月 11 日的日 K 線圖。股價經過幾波上漲之後，創出 212.85 元的高點，隨後價格開始快速下跌。經過半個月的快速下跌之後，價格出現反彈。需要注意的是，價格反彈後沒有再創新高，且反彈的高點一次比一次低，這意味著上升趨勢可能已結束。

▲ 圖 2-6　中科曙光（603019）日 K 線

這時可以看到，價格經過一段時間窄幅震盪之後，在 A 處跌破支撐位，這意味價格要開始快速下跌，所以手中有籌碼的投資人要果斷停損，否則越套越深，最終會損失慘重。

2-2-2　下跌趨勢中，支撐與壓力的應用

在下跌趨勢中，支撐與壓力是逐步下移的。每當價格下跌到支撐位附近時，短線高手可以輕倉買入股票；當股價上漲到壓力位附近時，可以賣出股票。當然如果投資人沒有時間盯盤或不是短線高手，最好不要碰下跌初期的股票，因為投資人一旦買進後，不能及時出來就會損失慘重。總之，在下跌趨勢中不要輕易買進，空倉是最好的策略。

如圖 2-7 所示的是金杯汽車（600609）2020 年 8 月 6 日至 2021 年 1 月 14 日的日 K 線圖。股價經過一波反彈後，創出 8.65 元高點，然後開

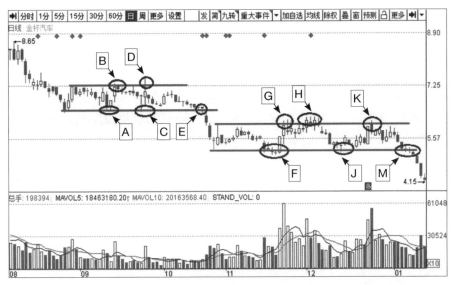

▲ 圖 2-7　金杯汽車（600609）日 K 線

始快速下跌。經過半個月快速下跌後，開始橫盤整理，每當價格下跌到 6.50 元附近時，股價就開始反彈。但反彈到 7.20 元附近時，股價就開始再度下跌，如此反反覆覆多次。

專家提醒

如果投資人買進一支下跌趨勢的股票，特別是該股票處在下跌初期，一旦價格跌破支撐位，就不要心存幻想，及時果斷停損是最重要的。

　　所以 6.50 元附近就是支撐位，可以買進，但要注意當前是下跌趨勢，一定要見好就收。7.20 元附近就是壓力線，手中有籌碼的投資人要及時賣出。由此可知，A、C 點是輕倉買入點，而 B、D 點是較高的賣出股票的位置。要注意的是，如果投資人在 E 點買進股票，但第二天價

格就快速下跌，這時要及時停損。

股價跌破 6.50 元附近支撐後，又開始快速下跌。下跌到 5.20 元後，價格再度反彈，反彈到 6.20 元附近時，價格再度下跌，這樣反反覆覆，形成橫盤整理走勢。因此 5.20 元是支撐位，在支撐位處可以輕倉買進，即 F、J 點。由於仍是下跌趨勢，一有獲利就要及時停利。6.20 元附近就是壓力位，即 G、H 和 K 點是賣出手中股票的位置。

需要注意的是，M 點價格再度跌破支撐位，所以手中仍有籌碼的投資人要果斷停損，否則短時間內就會出現較大的虧損。但下跌行情也不會一直跌下去，總有一天會反轉向上的。所以當股價經過較大幅度下跌，再度出現橫盤整理時就要留心了。一旦價格突破壓力，就可能開始是真正的上漲行情，這時空倉等待的投資人可以重倉買進。

如圖 2-8 所示的是江蘇索普（600746）2020 年 8 月 26 日至 2020 年 12 月 10 日的日 K 線圖。股價經過幾年震盪下跌，從最高點 20.41 元一

▲ 圖 2-8　江蘇索普（600746）日 K 線

路下跌到 6 元左右。由於下跌時間很長，並且下跌幅度較大，所以當股價再度震盪盤整時，就要注意是否有反轉的可能了，即由長期的下跌趨勢轉為上升趨勢。

股價每次下跌到 5.90 元附近時就開始反彈上漲，但每上漲到 6.25 元附近時，又開始震盪下跌，所以 5.90 元附近是支撐位，可以輕倉買進該股票。當價格上漲到 6.25 元附近時，不能向上突破，就可以賣出該股票。但需要注意的是，一旦股價向上放量突破 6.25 元附近時，意味著價格要開始一波上漲了，投資人手中的籌碼可以繼續持有。如果投資人手中還有資金，要果斷加倉做多，短時間就會有不錯的獲利。

2-2-3　橫向盤整趨勢中，支撐與壓力的應用

得到支撐是指，股價下跌到前期高點或低點附近時就止跌。該支撐位是買進股票的理想位置，空倉的投資人可以在支撐位附近買入股票。

如圖 2-9 所示的是賽輪輪胎（601058）2019 年 2 月 22 日至 2021 年 1 月 15 日的日 K 線圖。該股股價創出 2.52 元低點，然後開始震盪上漲，經過較長時間上漲之後，創出 5.19 元高點，即 A 處。隨後價格出現較長時間寬幅橫盤整理走勢，然後在 B 處，價格突破 5.19 元高點，出現一波上漲行情。

這一波上漲行情結束後，又出現深度回檔，再度回檔到前期高點附近，即 5.19 元附近，價格再度受到支撐，即 C 點，所以 C 處是較理想的做多股票的位置。

如圖 2-10 所示的是西部礦業（601168）2020 年 10 月 27 日至 2021 年 2 月 19 日的日 K 線圖。其股價經過一波上漲後，創出 14.49 元高點，隨後價格開始震盪盤整，回檔的低點支撐在 12 元附近，即 A 處。

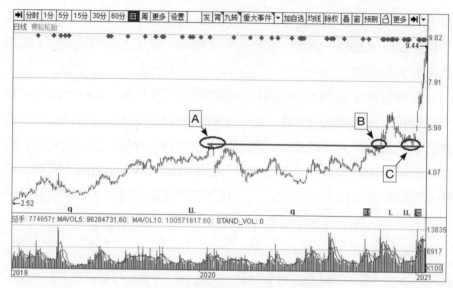

▲ 圖 2-9　賽輪輪胎（601058）日 K 線

▲ 圖 2-10　西部礦業（601168）日 K 線

股價橫向盤整後開始向上突破，但隨後再度整理，當回檔到 12 元，即 B 處時，價格再度得到支撐，所以 B 處仍是較好的買入股票的位置。

遇到壓力是指股價在上漲過程中，遇到前期高點或低點時，反轉向下，這時投資人如果手中還有股票籌碼，就要及時果斷賣出。

如圖 2-11 所示的是中鋁國際（601068）2020 年 6 月 24 日至 2020 年 9 月 28 日的日 K 線圖。其股價經過一波上漲後，最高上漲到 4.77 元，即 A 處，隨後開始震盪盤整。需要注意的是，當股價上漲到 4.77 元附近時不能有效突破，就會受壓下行，所以投資人在 B 處，要及時果斷賣出手中的股票籌碼。

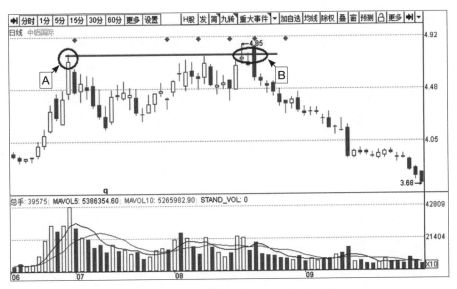

▲ 圖 2-11　中鋁國際（601068）日 K 線

如圖 2-12 所示的是四川成渝（601107）2020 年 2 月 22 日至 2020 年 8 月 6 日的日 K 線圖。該股股價經過一波上漲後，創出 4.93 元高點，然後快速回檔。回檔到 4.30 元附近時，價格再度止跌，即在 A 處得到支

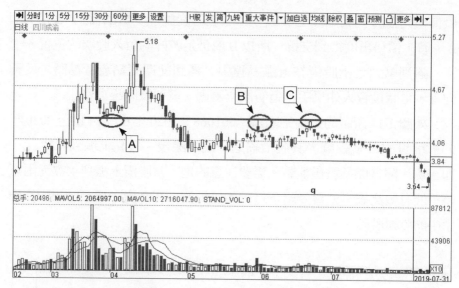

▲ 圖 2-12 　四川成渝（601107）日 K 線

撐。接著價格再度上漲，並創出 5.18 元高點，但隨後價格就開始快速下跌，並跌破 4.30 元附近的支撐，因此 4.30 元附近的支撐就變成壓力位。

　　價格快速下跌到 3.90 元附近後，再度反彈。注意當股價反彈到 4.30 元附近時，要及時賣出手中的股票籌碼，即 B 和 C 處是較好的賣出位置。

　　支撐線和壓力線組成的平行區間，可以看作股價運行的箱體，比較適合波段操作，其操作方法相當簡單：當股價運行到支撐線附近止跌回升時，可買進股票；當股價運行到壓力線附近受壓回落時，要賣出手中的股票。

　　如圖 2-13 所示的是北京銀行（601169）2019 年 9 月 25 日至 2020 年 1 月 22 日的日 K 線圖。該股股價經過一波上漲後，最高上漲到 5.75 元，然後開始回檔，回檔到 5.55 元附近又得到支撐，股價在 5.55 到 5.75 元之間反反覆覆運行。所以，在 5.55 元附近就可以買入股票，即 B、D

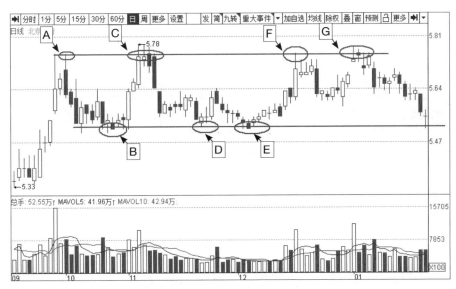

▲ 圖 2-13　北京銀行（601169）日 K 線

和 E 處可以買入股票；當股價反彈上漲到 5.75 元附近時就可以賣出股票，即 A、C、F 和 G 處可以賣出手中的股票籌碼。

利用支撐線和壓力線進行波段操作時，需要注意以下三點。

第一，支撐線和壓力線在平行區間如果運行的時間過短，則缺乏穩定性。第二，支撐線和壓力線之間的間距如果過小，則缺乏必要的獲利空間。第三，當成交量過大時，股價往往會突破原有的平行區間。

2-3

支撐和壓力可相互轉換

支撐與壓力是可以相互轉換的。當股價從上向下跌破支撐後,原來的支撐就會變成壓力,如圖 2-14 所示。

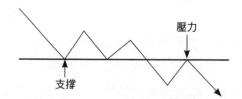

▲ 圖 2-14　原來的支撐變成壓力

如圖 2-15 所示的是第一創業(002797)2020 年 10 月 12 日至 2021 年 1 月 15 日的日 K 線圖。該股股價經過一波上漲後,創出 12.26 元高點,然後震盪下跌,到 10 元股價止跌。接著股價開始反彈,然後行情反反覆覆,但 10 元附近支撐沒有跌破。

橫向盤整近 2 個月後,在 A 處跌破 10 元支撐,因此 10 元附近由支撐變成壓力,所以當價格再度反彈到 10 元附近時,是賣出手中股票籌碼最好的位置。當股價從下向上突破壓力後,原來的壓力就會變成支撐,如圖 2-16 所示。

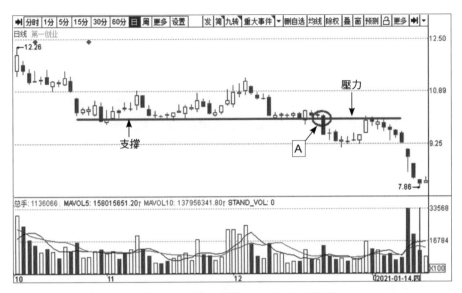

▲ 圖 2-15　第一創業（002797）日 K 線

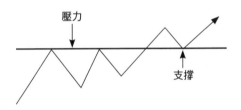

▲ 圖 2-16　原來的壓力變成支撐

　　如圖 2-17 所示的是東方盛虹（000301）2020 年 11 月 4 日至 2021 年 4 月 8 日的日 K 線圖。該股股價經過一波上漲之後，創出 11.59 元高點，然後價格開始回檔，11.59 元附近就形成壓力。在 A 處，股價放量突破 11.59 元附近的壓力，該壓力就變成支撐，即 11.59 元附近就形成支撐。

　　支撐與壓力轉換的可能性取決於三個因素，具體如下所述。

　　第一，原先支撐或壓力位的成交量。成交量越大，在這個點位發

59

生作用轉換的可能性越大。

第二，原先股價在支撐或壓力位進行交易的時間。交易的時間越長，在這個點位發生作用轉換的可能性越大。

第三，近一段時間內在這個價位的交易次數。交易次數越多，這個價位在投資人的頭腦中就越清晰，也就越容易發生轉換。

▲ 圖 2-17　東方盛虹（000301）日 K 線

Chapter 3

散戶必須看懂大陽線，
是分析趨勢的首要指標！

3-1

依據不同的實體 & 影線，大陽線有這 4 種類型

　　根據實體和影線的不同，大陽線可分 4 種，即光頭光腳大陽線、光頭大陽線、光腳大陽線、穿頭破腳大陽線。

專家提醒

大陽線是指陽線的實體不能小於漲幅的 8%，即大陽線的收盤價與開盤價相比，漲幅達 8% 以上。

3-1-1　光頭光腳大陽線

　　光頭光腳大陽線是指最高價與收盤價相同，最低價與開盤價一樣，即沒有上下影線，且陽線的實體不能小於 8% 的漲幅，其圖形如圖 3-1 所示。

　　光頭光腳大陽線的技術含義：股價從當日開盤，買方就積極進攻，中間也可能出現買賣雙方的爭鬥，但買方始終佔優勢，使股價一路上漲，直到收盤。

　　光頭光腳大陽線的實戰分析要點：光頭光腳大陽線表示股價強烈

的漲勢，買方瘋狂湧進，不限價買進。手中持有股票者因看到買氣旺盛，不願拋售並持籌待漲，從而出現供不應求的狀況。

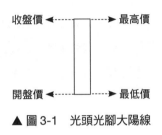

▲ 圖 3-1　光頭光腳大陽線

3-1-2　光頭大陽線

光頭大陽線是指最高價與收盤價相同，最低價低於開盤價，有下影線，但沒有上影線，且陽線的實體不能小於 4% 的漲幅，其圖形如圖 3-2 所示。

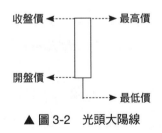

▲ 圖 3-2　光頭大陽線

光頭大陽線的技術含義：開盤後賣氣較足，股價下跌，即跌破開盤價。但在某低價位得到買方的支撐，價格向上推過開盤價，一路上漲直至收盤，收盤價在最高價上。

光頭大陽線的實戰分析要點：整體來說出現先跌後漲，買方力量較大，但下影線的長短不同，表示買方與賣方力量不同。

具體來說，第一，下影線較短，表示股價下跌不多就受到買方支撐，價格上推，漲過開盤價後又開始推進，表示買方實力很大；第二，下影線較長，表示買賣雙方交戰激烈，但整體上是買方佔主導地位，對買方有利。

3-1-3　光腳大陽線

光腳大陽線是指最高價大於收盤價，最低價與開盤價一樣，有上影線但沒有下影線，並且陽線的實體不能小於 4% 的漲幅，其圖形如圖 3-3 所示。

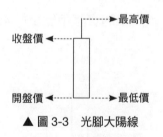

▲ 圖 3-3　光腳大陽線

光腳大陽線的技術含義：開盤後買氣較強，股價一路上漲，但在高價位遇到賣方壓力，從而使股價上升受阻，賣方與買方交戰結果是買方略勝一籌。

光腳大陽線的實戰分析要點：整體來說出現先漲後跌，買方力量

較大。雖然在高價位遇到壓力，部分多頭獲利回吐，但買方仍是市場的主導力量，後市繼續看漲。

3-1-4　穿頭破腳大陽線

穿頭破腳大陽線是指最高價大於收盤價，最低價小於開盤價，帶有上下影線，並且陽線的實體不能小於 4% 的漲幅，如圖 3-4 所示。

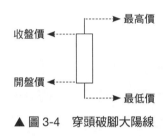

▲ 圖 3-4　穿頭破腳大陽線

穿頭破腳大陽線的技術含義：開盤後，股價下跌並且跌破開盤價，遇買方支撐，雙方爭鬥後買方力量增強，股價一路上漲；但在收盤前，部分投資人獲利回吐，在最高價之下收盤。

穿頭破腳大陽線的實戰分析要點：如果在大漲之後出現，表示高位震盪；如果成交量放大量，後市很可能會下跌。如果在大跌後出現，後市可能會反彈。

依據上、下影線實體的不同，又可分為多種情況：第一，如果上影線長於實體，表示買方力量受挫折；如果實體長於上影線，表示買方雖受挫，但仍佔優勢。第二，如果下影線長於實體，表示買方尚需接受考驗；如果實體長於下影線，表示買方雖受挫，但仍居於主動地位。

3-2

實戰中的大陽線分析技巧

經由 K 線理論可知，在低位出現大陽線是做多訊號，這在一般意義上理解是對的。但在實戰中不是這麼簡單，因為我們的對手是主力，操盤很狡猾，常常拉出大陽線後股價沒有接著漲上去，而是跌下去。所以，如何正確看待大陽線後走勢，即大陽線出現後幾天的走勢，是相當關鍵的。

大陽線出現後，股價經過幾天運行，會出現超強、強、一般、偏弱、弱幾種走勢情況，下面來具體分析。

3-2-1　大陽線後表現為超強勢

在大陽線之後，第二根 K 線或之後幾根 K 線在大陽線的收盤價上方運行，此時可作出走勢為「超強勢」的判斷，如圖 3-5 所示。

大陽線後出現超強走勢，投資人應採取積極跟進的策略。如果你是激進型投資人，可在第二根 K 線收於大陽線之上時跟進；如果你是穩健型投資人，可以多觀察幾天，確保向上有效突破後再跟進。

▲ 圖 3-5　大陽線後表現為超強勢

3-2-2　大陽線後表現為強勢

　　在大陽線之後，第二根 K 線及以後的幾根 K 線，在大陽線的收盤價與開盤價的 1/2 上方運行，此時可作出走勢為「強勢」的判斷，如圖 3-6 所示。

　　大陽線後表現為強勢，如果你是激進型投資人，可以採取輕倉跟進的策略，等股價向上有效突破大陽線收盤價後再積極跟進；如果你是穩健型投資人，就應該觀望，等股價向上有效突破大陽線收盤價後，再積極跟進。

▲ 圖 3-6　大陽線後表現為強勢

3-2-3　大陽線後表現為一般

　　在大陽線之後，第二根 K 線及之後的幾根 K 線，在大陽線的收盤價與開盤價的 1/3～1/2 之處運行，此時可作出走勢為「一般」的判斷，

如圖 3-7 所示。

　　大陽線後表現為一般，投資人應採取觀望的策略，即有該股票的投資人不加倉，也不急於賣出；沒有該股票的投資人暫不買進，等股價向上有效突破大陽線收盤價後，再積極跟進。

▲ 圖 3-7　大陽線後表現為一般

3-2-4　大陽線後表現為偏弱

　　在大陽線之後，第二根 K 線及之後的幾根 K 線，在大陽線的收盤價與開盤價下方的 1/3 之處運行，此時可作出走勢為「偏弱」的判斷，如圖 3-8 所示。

　　大陽線後表現為偏弱，投資人應採取持幣觀望的策略。不過需要注意的是，大陽線後主力進行洗盤，有時股價走勢會出現這種偏弱的狀況。因此，只要以後股價收盤價不跌破大陽線的開盤價，持有該股的投資人不宜盲目出場，應繼續持股觀望。

▲ 圖 3-8　大陽線後表現為偏弱

3-2-5　大陽線後表現為弱勢

在大陽線之後，第二根 K 線或之後的幾根 K 線，在大陽線的收盤價下方運行，此時可作出走勢為「弱」的判斷，如圖 3-9 所示。大陽線後表現為弱勢，投資人應該採取停損出局的策略。

經由上述分析，投資人以後再碰到大陽線，心裡就知道該如何操作了。但從實戰要求來說，最難把握的是大陽線後表現強勢、一般和偏弱三種走勢，因為它們變化較多，有時很難嚴格區分。碰到這種情況時，投資人該如何操作呢？以下總結筆者多年的實戰經驗，共有三個注意項，具體如下所述。

第一，當大盤處於強勢，拉大陽線的個股又在低位運行時，考慮此時主力做多意願仍然非常強烈。因此，無論大陽線後的走勢表現為強勢、一般還是偏弱，都要以看多、做多為主。

第二，當大盤處於弱勢或拉大陽線的個股在高位運行時，考慮此時主力做多意願不強。因此，即使大陽線後的走勢表現為強勢，也要謹慎對待，切不可重倉持有。

第三，如果個股拉大陽線後，其走勢表現為偏弱，就應以減倉為主，並做好隨時撤退的準備。

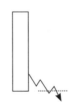

▲ 圖 3-9　大陽線後表現為弱勢

3-3

務必分清楚，
是真突破還是假突破大陽線

大盤或個股在突破重要壓力位時，常常會放量拉大陽線。但投資人要知道主力操盤時是相當狡猾的，所以要認真識別大陽線，分清是真突破大陽線還是假突破大陽線。

3-3-1　上漲趨勢初期的突破大陽線

如圖 3-10 所示的是長虹華意（000404）2020 年 3 月 27 日至 2020 年 7 月 6 日的日 K 線圖。股價在底部區間反覆震盪，高點壓力在 3.65 元附近，低點在 3.40 元附近。在這個窄幅空間反覆震盪 3 個多月，然後在 A 處，股價放量突破上方壓力，並且收一根大陽線。

這表示股價要開始一波上漲行情，所以手中持有該股的投資人可以耐心持有；沒有持有該股的投資人可以加倉做多。向右移動日 K 線圖，就可以看到其日後走勢，如圖 3-11 所示。

放大看大陽線後的幾天走勢，如圖 3-12 所示。股價拉出大陽線後，第 2 個交易日股價略開高然後開始震盪走勢，最終收一根小陰線，當收盤價在大陽線的收盤價與開盤價的 1/2 上方，表現為強勢。隨後價格繼續上漲，手中持有籌碼的投資人可以繼續持有，沒有籌碼者可買入。

▲ 圖 3-10　長虹華意（000404）日 K 線

▲ 圖 3-11　大陽線突破壓力後的走勢

▲ 圖 3-12　大陽線後的幾天走勢

3-3-2　上漲趨勢中的假突破大陽線

如圖 3-13 所示的是東阿阿膠（000423）2020 年 4 月 21 日至 2020 年 6 月 23 日的日 K 線圖。其股價經過一波上漲後，最高上漲到 36.74 元，即 A 處。然後股價開始震盪回檔，最低回檔到 31.42 元，然後一根大陽線上漲。隨後價格又開始上漲，B 處又拉出一根大陽線向上突破。

B 處這根大陽線可以跟進做多該股票嗎？首先看成交量，成交量有所放大，但總的來看成交量還不夠大，所以最好觀察幾天再跟進較好。向右移動日 K 線圖，就可以看到其後幾天的走勢，如圖 3-14 所示。

可以看到大陽線後股價沒有繼續上漲，而是不斷收陰線下行，最終回到大陽線開盤價之下，所以這是一個假突破大陽線。

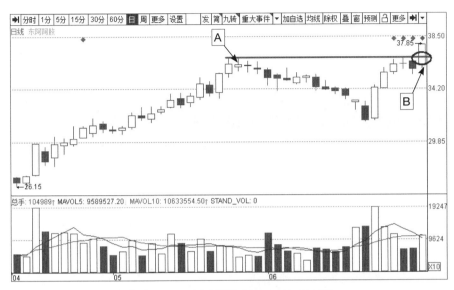

▲ 圖 3-13　東阿阿膠（000423）日 K 線

▲ 圖 3-14　東阿阿膠（000423）大陽線後幾天的走勢

3-3-3 橫向盤整行情中的大陽線

如圖 3-15 所示的是老鳳祥（600612）2020 年 9 月 22 日至 2021 年 2 月 19 日的日 K 線圖。股價經過 3 個月左右時間的下跌，10 月 27 日創出 44.30 元低點，即 A 處。隨後價格再度橫向盤整，低點支撐在 44.30 元 附近，高點在 49.80 元附近，即 B 處，橫向盤整行情 5 個月。橫向盤整 後，到底是繼續下跌，還是開始新一波上漲呢？

在 C 處，即 2021 年 2 月 19 日，一根大陽線向上突破。需要注意的 是，雖然成交量有所放大，但放的量不夠大，所以後市很可能會震盪。 向右移動日 K 線圖，就可以看到其後的走勢，如圖 3-16 所示。大陽線 突破上方壓力後，該壓力就變成支撐。從大陽線向上突破後的幾天走勢 來看，股價雖然震盪回落，但始終在支撐位之上，這表示價格止跌後， 仍會繼續上漲。

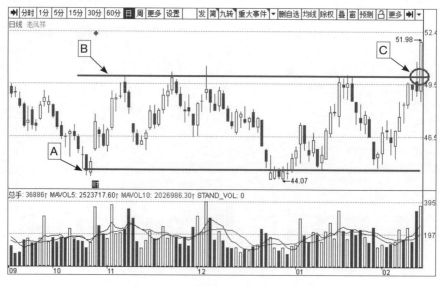

▲ 圖 3-15　老鳳祥（600612）日 K 線

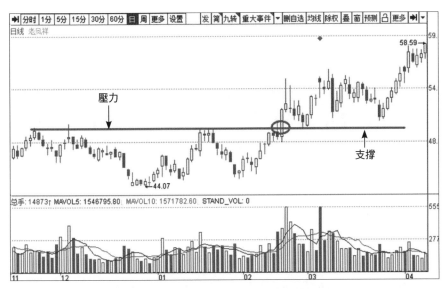

▲ 圖 3-16　老鳳祥（600612）大陽線後的走勢

3-3-4　下跌趨勢中的假突破大陽線

如圖 3-17 所示的是北方股份（600262）2020 年 7 月 31 日至 2020 年 11 月 27 日的日 K 線圖。其股價經過一波上漲之後，創出 22.79 元高點，然後開始一波快速下跌。僅僅 1 個月的時間，就從 22.79 元下跌到 17.08 元，下跌幅度高達 25.1%。

隨後價格開始橫向盤整，支撐為 17 元附近，壓力為 18.40 元附近。經過長達 2 個多月時間的盤整，價格在 A 處向上突破。需要注意的是，這裡是大陽線向上突破，成交量也出現了放量，但放的量不算太大，後市到底會怎麼走呢？

首先要明白，當前處於明顯的下跌行情，要小心假突破，投資人需要耐心看看其後幾天的走勢。向右移動日 K 線圖，就可以看到其後的走勢，如圖 3-18 所示。

▲ 圖 3-17　北方股份（600262）日 K 線

▲ 圖 3-18　北方股份（600262）大陽線後的走勢

　　其股價在 A 處突破後，隨後 4 天股價盤中雖然跌破前期高點支撐線，但收盤價始終在支撐線上方，表示股價仍有上漲的可能。這時投資人一定要知道，雖然有可能上漲，但做多力量已經很不強了。

　　在 B 處，價格跌破支撐線，這表示價格又要下跌了。由此可知在 A 處的突破是誘多，手中有籌碼的投資人要及時果斷賣出，否則會損失慘重。

專家提醒

判斷個股走勢時，要時時關注大盤的走勢。如果大盤處於強勢，個股出現買入訊號，可以積極加倉；如果大盤處於弱勢，個股出現買入訊號，要多觀察幾天，然後制訂操作計畫。

3-4

遇到這種大陽線，
要即時停損出場……

　　大盤或個股無論是在短期底部、中期底部，還是在長期底部，往往是以大陽線確定底部區域。但投資人要時時注意主力在下跌過程中出現的假觸底大陽線，如果一不小心碰到假觸底大陽線，要及時停損出局，否則很可能被套牢。

3-4-1　下跌趨勢中的觸底大陽線

　　如圖 3-19 所示的是中新集團（601512）2019 年 12 月 20 日至 2020 年 5 月 27 日的日 K 線圖。其股票 2019 年 12 月 20 日上市交易，該股較弱，上市第 3 個交易日都沒有漲停，然後開始下跌。需要注意的是，股價先是慢速下跌，隨後是急跌，然後在 A 處出現觸底大陽線。

　　這表示由多方力量進場做多了，所以手中還持有該股票的投資人可以再觀察，不要急著賣出。手中有資金的投資人如果想做多該股，則可以輕倉買進。

　　從其後走勢來看，該股股價不強、反彈高度有限，僅僅是把跳空的缺口補上又開始下跌。連續小幅下跌 8 天後，第 9 個交易日再度收中陽線並且又連續上漲，組合 K 線可以看成一根大陽線，即 B 處也是觸底大

▲ 圖 3-19　中新集團（601512）日 K 線

陽線。

　　這一波反彈也不強，所以反彈行情不要想得太高，有獲利就要注意停利。此波反彈結束之後價格再度回檔，沒有再創新低。雖然沒有新低，但是出現窄幅橫盤整理，在 C 處又連續出現中陽線，可以看作組合大陽線，投資人可以輕倉短多。

　　總之，對於下跌趨勢中的觸底大陽線，只可以短多，並且有獲利就要注意停利。如圖 3-20 所示的是中國中車（601766）2019 年 12 月 25 日至 2020 年 7 月 6 日的日 K 線圖。其股價經過一波反彈創出 7.33 元高點，然後開始震盪下跌，剛開始下跌速度很慢，最後卻跳空大跌。但跳空大跌之後連續收陽線，可以看作是 K 線組合大陽線，即 A 處。所以這裡可以做多，目標是上方的跳空缺口，即 B 處。

　　從其後走勢來看，股價震盪上漲補完缺口後又漲不動了，高位震盪之後再度下跌。又經過 3 個月的下跌創出 5.54 元低點，然後價格開始連

▲ 圖 3-20　中國中車（601766）日 K 線

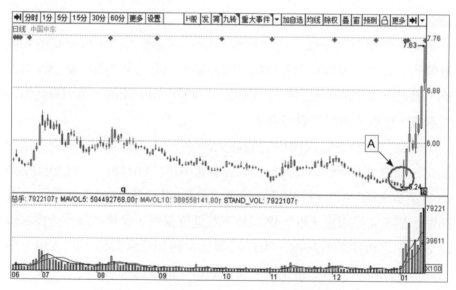

▲ 圖 3-21　中國中車（601766）兩次觸底後的走勢

續大陽線上漲，即 C 處，這是觸底大陽線可以做多。但這是不是真正的底部呢？向右移動日 K 線圖，就可以看到其後的走勢，如圖 3-21 所示。

　　其股價兩次觸底之後，在 A 處再度觸底，然後大陽線拉漲，這才是真正的觸底，前面的觸底大陽線都是假的觸底大陽線。在這裡可以看到，如果在 A 處果斷買入該股票，短時間內就會有較大的獲利。

專家提醒

真正的觸底大陽線，需要經過其後的走勢來驗證。所以底部不是猜到的，股價走出後才能確定。

3-4-2　上漲趨勢中的觸底大陽線

　　如圖 3-22 所示的是贊宇科技（002637）2019 年 7 月 30 日至 2020 年 3 月 17 日的日 K 線圖。其股價在 2019 年 8 月 6 日創出回檔低點 7.01 元，然後開始震盪上漲，先是站上 5 日均線，然後又站上 10 日和 30 日均線。均線多頭排列，即 5 日均線在 10 日均線上方，10 日均線在 30 日均線上方，往往是上漲趨勢行情的最主要特徵。

　　A 處股價回檔到 30 日均線附近，也就是回檔到重要的支撐位，出現了大陽線，即觸底大陽線，是比較好的買進位置。隨後價格開始震盪上漲，在 B 處價格突破大陽線，這表示價格仍會繼續上漲，多單可以繼續持有。接著價格繼續沿著 5 日均線上漲，投資人耐心持有股票即可。

　　需要注意的是，價格沿著 5 日均線上漲，當價格跌破 5 日均線時可以先停利。C 處股價再度回檔到 30 日均線附近，又出現觸底大陽線，所以 C 處仍是好的買入位置。同理，D 處也是一個觸底大陽線，仍可以介入多單。

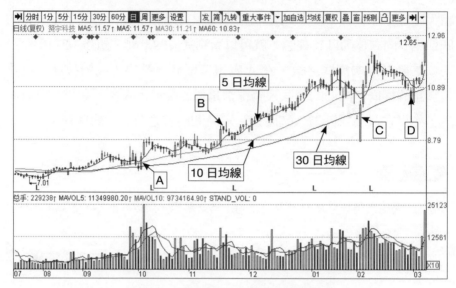

▲ 圖 3-22　贊宇科技（002637）日 K 線

3-5

這種大陽線，
是高位的出貨訊號……

　　主力要在高位派發獲利籌碼，就要製造做多的熱烈氣氛，引誘中小散戶在高位搶籌接盤，否則主力把獲利籌碼派發給誰，又如何在高位實現勝利大逃亡呢？

　　主力最常用的逃頂方法之一，就是拉大陽線誘多出貨，這時的大陽線不是加倉訊號，而是果斷賣出訊號，下面做具體講解。

3-5-1　拉大陽線誘多出貨的特徵

　　拉大陽線誘多出貨，是主力逃頂時最常用的陰招，投資人對此一定要提高警覺。該出貨方法的特徵有五點，具體如下所述。

　　第一，在大陽線出現前，股價處於相對平穩的上升途中。第二，突破在某一日或幾日出現開低走高，並拉出大陽線（少數情況下，大陽線封至漲停，或跳空開高封至漲停，但其陽線的實體較短，在意義上可視為大陽線的變化型態）。

　　第三，大陽線後股價出現衝高回落，或形成短期橫盤走勢。第四，在大陽線出現當日及隨後的一段時間裡，成交量開始明顯放大。第五，大陽線後股價重心出現下移的跡象。

投資人若在 K 線圖中發現，高位拉出大陽線後出現上述特徵，基本上確定為主力在利用大陽線進行誘多出貨了。一旦主力完成籌碼的派發任務，行情就會開始回落，甚至急轉直下。

　　根據實戰經驗，拉大陽線誘多出貨這一招成功機率很高，被騙到的投資人不計其數，特別是中小散戶。正因為這一招屢試不爽，所以主力不斷用它來進行勝利逃頂。

3-5-2　拉大陽線誘多出貨實戰案例

　　如圖 3-23 所示的是雪人股份（002639）2015 年 2 月 25 日至 2016 年 1 月 28 日的日 K 線圖。其股價經過連續上漲之後，在最後 2 個交易日連續大陽線上漲，即 A 處，最終創出 49.89 元高點。需要注意的是，這時股價上漲的時間已較長，並且在高位連拉大陽線，這是明顯的拉大陽線

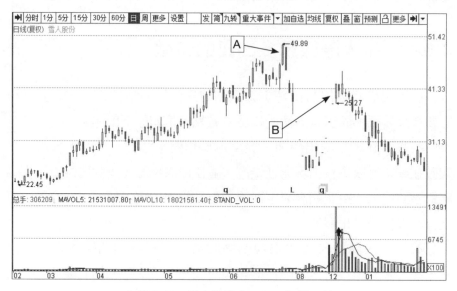

▲ 圖 3-23　雪人股份（002639）日 K 線

誘多出貨，所以投資人一定要小心。

　　從其後走勢來看，創出 49.89 元高點後，股價連續大陰線下跌，短短 8 個交易日股價最低下跌到 25.27 元，下跌幅度為 49.35%。投資人從成交量可以看出股價雖然波動很大，但是成交量很小，所以主力是出不了多少股票的。

　　從其後走勢來看，股價在低位略震盪後，就開始連續漲跌上漲，即連續拉出 5 個漲停。需要注意的是，這時成交量明顯放大，是拉高出貨的節奏，即再次拉出大陽線出貨。從成交量來看，這次出貨是成功的，成交量明顯放大，隨後價格開始震盪下跌。

　　該公司的主力頻繁利用拉大陽線誘多出貨，2016 年的兩個高點頂部，主力也是採用拉大陽線誘多出貨，如圖 3-24 所示。2019 年的高點頂部，該公司也是拉大陽線誘多出貨，如圖 3-25 所示。

　　拉大陽線誘多出貨時，投資人要清醒地認識到其欺騙性，為了防

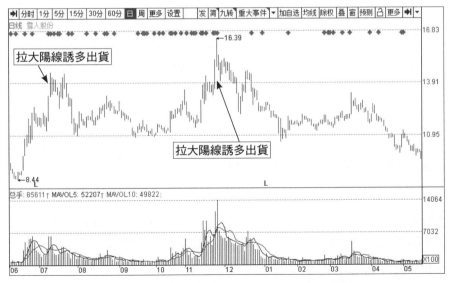

▲ 圖 3-24　雪人股份（002639）2016 年的兩個高點頂部

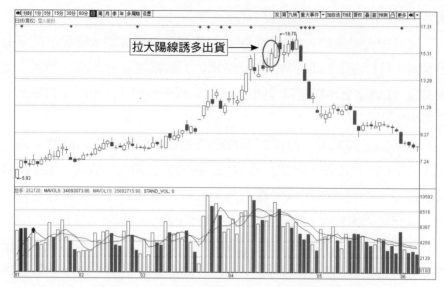

▲ 圖 3-25　雪人股份（002639）2019 年的高點頂部

範這方面的風險，避免陷入主力的圈套，下面簡述應對的四項策略。

第一，熟記主力拉大陽線誘多出貨的常見圖形，日後見到類似的
K 線圖就能立即提高警覺，不至於高位深度被套。第二，嚴格按照大陽
線買賣規則進行操作，如高位大陽線的開盤價被跌破，就要第一時間停
損，不能心存僥倖，若不能果斷停損出局，就會越套越深。

第三，對於盤中的一些重要現象要密切注意，如突然在高位拉出
大陽線，且以後幾天的成交量明顯放大，這不是什麼好現象；或在高位
拉出大陽線後出現橫盤，且成交量較大。

第四，要認真仔細觀察盤面變化，尋找主力出貨的規律。例如很
多主力都有習慣的操作手法，第一次用這個方法取得成功，那麼第二
次、第三次仍然會故技重演。所以只要熟悉主力的操作習慣，就可以跟
著主力操作，從而獲利。

3-6

強勢市場 VS. 弱勢市場，
操作大陽線的不同方式

一輪行情的興起，往往是因為一根大陽線拔地而起，從而改變了股價運行趨勢，在這個時期大陽線扮演的是積極看多、做多，吹響衝鋒號的角色；一輪行情的衰敗和終結，往往也是因為在高位拉出一根或幾根大陽線，從而構築頭部，甚至急轉直下。

另外，在上升趨勢中，大陽線扮演中途加油、為市場鼓勁的角色；在下跌趨勢中，大陽線扮演掩護主力出逃、坑害投資人的角色。

總之大陽線具有雙重性格，既是投資人的朋友，又是投資人的敵人。投資人要學會辯證看待，一旦整理出規律，大陽線就能成為自己投資的得力助手。

3-6-1　強勢市場和弱勢市場

股市進入強勢市場，大陽線的出現對行情來說是一種助推作用，即行情繼續向上拓展；而股市進入弱勢市場，大陽線往往是主力的一種誘多訊號，多半表示反彈行情即將結束。

那麼，什麼是強勢市場和弱勢市場呢？其實強勢市場是一個大概念，大牛市是一個強勢市場，熊市中爆發的中級反彈行情也是一個強勢

市場。總之，強勢市場是指一個整體有利於看多、做多的市場，而弱勢市場是一個整體有利於看空、做多的市場。

從技術上來說，大盤指數的 60 日均線必須有效站穩，並始終處於向上運行狀態，表示市場強勢；一旦 60 日均線向下彎頭或失守，表示市場進入弱勢，如圖 3-26 所示。

▲ 圖 3-26 強勢市場和弱勢市場

3-6-2 低位區和高位區

股價處於高位區，大陽線自然就會被主力作為出貨手段加以利用；反之，股價處於低位區，大陽線就會被主力作為積極做多的手段加以利用。那麼，如何判斷股價在高位區還是低位區呢？具體方法有三種，分別是看本益比的高低、看同行業數據對比訊息、看技術型態，如圖 3-27 所示。

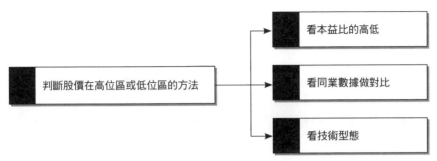

▲ 圖 3-27　判斷股價在高位區或低位區的方法

1. 看本益比的高低

本益比（Price Earnings Ratio，P/E 或 PER）是常用來評估股價水準是否合理的指標之一，很有參考價值。其計算公式為如下：

本益比 = 普通股每股市場價格 ÷ 普通股每年每股獲利

本益比越低，代表投資人能夠以較低價格購入股票以取得回報。每股獲利的計算方法，是該企業在過去 12 個月的淨利潤減去優先股股利之後，除以總發行已售出股數。

假設某股票的市價為 24 元，而過去 12 個月的每股獲利為 3 元，則本益比為 24÷3=8。該股票被視為有 8 倍的本益比，即每付出 8 元可獲得 1 元的獲利。投資人計算本益比，主要用來比較不同股票的價值，理論上股票的本益比越低，越值得投資。但比較不同行業、不同國家、不同時段的本益比不太可靠，比較同類股票的本益比較有實用價值。

在本益比中，其關鍵在於每股獲利（E）的確定。直觀地看，如果公司未來若干年每股收益為恆定值，那麼 P/E 值代表公司保持恆定獲利水準的存在年限。這有點像實業投資中回收期的概念，只是忽略了資金的時間價值。

而實際上，保持恆定的每股獲利幾乎是不可能的，每股獲利的變動，往往取決於宏觀經濟和企業的生存週期所決定的波動週期。所以在運用 P/E 值的時候，每股獲利的確定顯得尤為重要，由此也衍生出具有不同含義的P/E值。

　　每股獲利體現在兩個方面，一個是歷史的每股獲利，另一個是預測的每股獲利。

　　用歷史的每股獲利計算出來的本益比，稱為靜態本益比。

　　用預測的每股獲利計算出來的本益比，稱為動態本益比。

　　本益比的分類如圖 3-28 所示。靜態本益比是市場廣泛談及的本益比，即以市場價格除以已知的最近公開的每股收益後的比值。其代表的意思是，企業按現在的獲利水準，要花多少年才能收回成本，這個值通常被認為在 10～20 是一個合理區間。

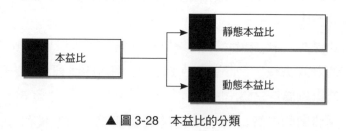

▲ 圖 3-28　本益比的分類

　　動態本益比是指，還沒有真正實現的下一年度的預測利潤的本益比。等於股票現價和未來每股收益的預測值的比值，比如下年的動態本益比，就是股票現價除以下一年度每股收益預測值；後年的動態本益比，就是股票現價除以後年每股收益預測值。其計算公式如下：

動態本益比 = 股票現價 ÷ 未來每股收益的預測值

在計算動態本益比時，往往是靜態本益比乘以一個動態係數，計算公式為：

動態本益比＝靜態本益比 × 動態係數

其中動態係數為 $1 \div (1+i)^n$，i 為企業每股收益的增長性比率，n 為企業的可持續發展的存續期。例如，上市企業當前股價為 20 元，每股收益為 0.38 元，上年同期每股收益為 0.28 元，成長性為 35%，即 i＝35%，該企業未來保持增長速度的時間可持續 5 年，即 n＝5；則動態係數為 $1 \div (1+35\%)^5 \approx 0.22$。

下面來計算一下靜態本益比和動態本益比。

靜態本益比＝ 20÷0.38 ≈ 52.63
動態本益比＝ 52.63×0.22 ≈ 11.58

兩者相比相差之大，相信投資人看了會大吃一驚。動態本益比理論告訴我們一個簡單而又深刻的道理，即投資股市一定要選擇有持續成長性的公司。由此，我們不難理解資產重組為什麼會成為市場永恆的主題，以及有些業績不好的公司，在實質性的重組題材支撐下能夠成為市場黑馬。

具體如何分析靜態本益比、動態本益比？如果一家公司因非經營性投資，獲得較好的每股獲利，其該年靜態本益比，會顯得相當具有誘惑力。如果一家公司該年因動用流動資金炒股，獲得高收益；或者是該年部分資產變現，獲取了不菲的轉讓收益等。那麼對於一些本身規模不是特別大的公司而言，這些都完全有可能大幅提升其業績水準，但這更多是由非經營性收益帶來的突破增長，需要辯證地去看待。

非經營性投資帶給公司高的收益，這是好事，短期而言對公司無疑有振奮刺激作用。但這樣的收益具有偶然性、不可持續性。資產轉讓就沒有了，股票投資本身就具有不確定性，沒有誰敢絕對保證一年有多少收益。因此，非經營性收益是可遇而不可求的。如圖 3-29 所示的是五糧液（000858）的本益比。

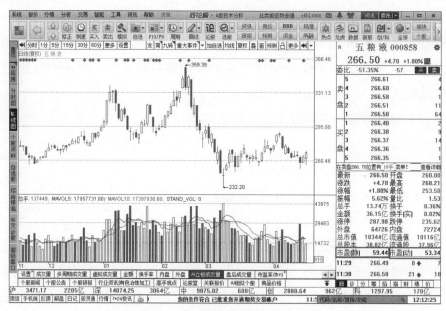

▲ 圖 3-29　五糧液（000858）的本益比

2. 看同業數據做對比

　　比較同業的股票，如果遠低於平均水準，就是低位；如果遠高於平均水準，就是高位。

　　在五糧液（000858）日 K 線狀態下，可以查看該股票的資料；按一下「行業對比」，可以看到最近半年報或年報的同業股票數據對比資訊，如圖 3-30 所示。

股票代碼	股票簡稱	排名	每股收益(元)	每股淨資產(元)	每股現金流(元)	淨利潤(元)	營業總收入(元)	總資產(元)	淨資產收益率	銷售毛利率	總股本(股)
600519	貴州茅台	1	26.93	118.2	19.99	338.30億	695.70億	1846.00億	23.20%	83.53%	91.33%	12.56億
002304	洋河股份	2	4.783	25.34	-0.2947	71.86億	189.10億	479.00億	19.08%	79.68%	73.20%	15.07億
000858	五粮液	3	3.747	20.69	1.016	145.50億	424.90億	999.80億	18.48%	82.09%	74.53%	38.82億
000568	瀘州老窖	4	3.290	14.95	1.910	48.15億	116.00億	313.70億	23.17%	70.16%	83.57%	14.65億
000596	古井貢酒	5	3.050	19.31	5.123	15.38億	80.69億	149.80億	16.25%	67.64%	75.98%	5.04億
600809	山西汾酒	6	2.837	10.49	2.043	24.61億	103.70億	173.70億	28.91%	53.76%	72.17%	8.71億
603589	口子窖	7	1.440	11.38	-0.2430	8.63億	26.87億	85.54億	12.41%	79.81%	76.46%	6.00億
603369	今世緣	8	1.047	6.381	0.5188	13.13億	41.95億	106.20億	17.08%	75.36%	71.69%	12.55億
600779	水井坊	9	1.027	3.904	1.546	5.02億	19.46億	41.28億	23.59%	46.21%	83.50%	4.88億
000799	酒鬼酒	10	1.018	8.298	1.599	3.31億	11.27億	36.42億	12.89%	74.04%	79.05%	3.25億

▲ 圖 3-30　五糧液（000858）同業股票的數據對比

3. 看技術型態

如果股價剛從底部型態走出，可視為低位；如果已上漲很長時間，特別是有很大漲幅，技術上呈現價升量增或價平量增時，要視為高位。

投資人在分析股價處於高位還是低位時，還應注意當時的股市環境。因為在不同市場環境下，股票的估值標準也不一樣。例如，在牛市中，市場給予業績優秀、成長性預期良好的股票的合理本益比為三、四十倍，當股價低於該本益比水準時，可以認為股價處於低位。

但到了熊市，市場給予業績優秀、成長性預期良好的股票的合理本益比會大幅降低，當股價處於三、四十倍本益比水準時，市場就會認為股價處於高位了。所以投資人在衡量股價在低位還是在高位時，也要因時而異、因市而異。

Chapter 4

從這 3 種 K 線看出多空對比，主力意圖也一目了然

4-1

 大陰線：
賣盤強勁，空方佔優勢

按實體和影線特徵，大陰線可分為光頭光腳大陰線、光頭大陰線、光腳大陰線、穿頭破腳大陰線。大陰線的圖形如圖 4-1 所示。

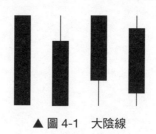

▲ 圖 4-1　大陰線

4-1-1　型態描述

某個交易日股價大幅下跌，收盤價明顯低於開盤價，就會收出一根大陰線。通常單日大陰線的實體波動幅度為 6% 以上，它的實體非常長，而上下影線很短或者根本沒有。它的出現一般表示賣盤強勁，空方始終佔據著優勢。

4-1-2　技術含義

　　大陰線的力度大小，與其實體長短成正比，即陰線實體越長，力度越大。大陰線的出現，對多方來說是一種不祥的預兆。但事情又不是那麼簡單，我們不能把所有的大陰線都看成是後市向淡的訊號，有時大陰線出現後股價不跌反漲。那麼我們如何判斷大陰線呢？

　　如果股價經過大幅拉升後出現大陰線，這表示股價回檔或做頭部，應賣出股票。如果股價經過大幅下跌後出現大陰線，暗示做空能量已釋放得差不多了，根據「物極必反」的原理，此時要棄賣而買，考慮做多。

4-1-3　操作指導

　　大陰線的操作指導具體如下所述。

　　第一，股價經過長時間的大幅上漲之後，出現大陰線，這表示多方力量已衰竭，空方力量開始聚集反攻，所以及時減倉或清倉出局觀望為佳。第二，股價探明高點之後開始震盪下跌，在下跌過程中出現反彈，在反彈過程中又出現大陰線，這表示市場主力出貨完畢，要及時出局觀望。

　　第三，股價經過長時間大幅下跌之後，又開始加速下跌趕底，這時連續出現大陰線，表示主力在利用大陰線嚇唬散戶。該處不是賣點，反而是等待止跌訊號，可以開始進場做多。第四，如果股價經過長時間大幅下跌，然後探明底部開始震盪上升，在上升初期如果出現大陰線，短線可以減倉迴避風險，中線可以持倉不動。

4-1-4　大陰線實戰案例分析

　　如圖 4-2 所示的是方正科技（600601）2020 年 6 月 30 日至 2020 年 11 月 3 日的日 K 線圖。其股價從 3.26 元一路上漲到 5.98 元，僅用兩個多月時間，上漲幅度高達 83.44%。

　　需要注意的是，創出最高點後，先是一根誘多大陽線，然後創出最高點 5.98 元，但收盤卻收一根大陰線，這表示股價要下跌了。從其後走勢來看，大陰線之後價格在高位震盪 10 個交易日，然後就開始下跌。

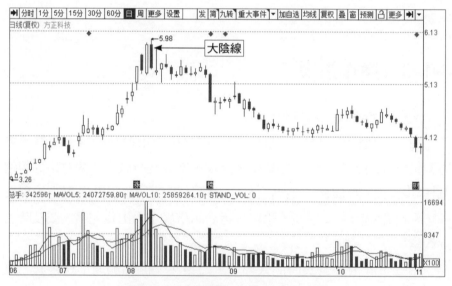

▲ 圖 4-2　方正科技（600601）日 K 線

　　如圖 4-3 所示的是綠地控股（600606）2015 年 2 月 5 日至 2015 年 6 月 29 日的日 K 線圖。股價從 15.75 元開始上漲，經過近兩年時間，最高上漲到 42.98 元，上漲幅度高達 812.53%。

　　下面來看高位頂部的形成，該股主力相當兇悍，最後連續拉 5 個漲

停，然後第 6 個交易日開盤漲停，收盤跌停，震盪幅度高達 20%。需要注意的是，這一天成交量放出了巨量，表示主力在出貨。

價格連續下跌 3 天後又開始震盪盤升，注意成交量仍較大，這是主力在拉高出貨。連續震盪上漲 13 個交易日後，第 14 個交易日股價再度大陰線下跌，表示主力貨出得差不多了，要開始真正的下跌。

從其後走勢可以看出，股價在高位震盪之後，就開始快速下跌。如果手中有籌碼的投資人不及時出局，可能會把前期的獲利吐回去很多，甚至由獲利變成虧損，最後損失慘重。

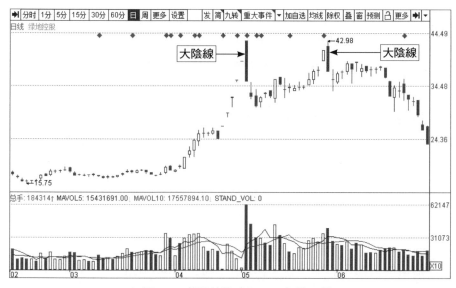

▲ 圖 4-3　綠地控股（600606）日 K 線

如圖 4-4 所示的是廣州浪奇（000523）2020 年 8 月 10 日至 2021年 1 月 13 日的日 K 線圖。其股價經過一波反彈，創出 6.74 元高點，即 A處。注意這裡出現一條誘多大陽線，如果不及時出局就會損失慘重。

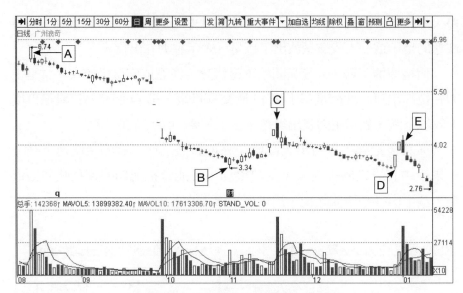

▲ 圖 4-4　廣州浪奇（000523）日 K 線

　　隨後股價開始震盪下跌，然後又連續跌停。連續跌停之後價格仍繼續下跌，最低跌到 3.34 元，即 B 處。價格在 B 處止跌後開始震盪反彈，先是小幅上漲，最後出現兩根漲停大陽線，這兩根大陽線可以看作是誘多大陽線。兩根大陽線之後，就是一條大陰線，即 C 處。該大陰線開高走低是反彈大陰線，所以手中還有籌碼的投資人，要及時果斷賣出。

　　隨後價格繼續震盪下跌，再次跌到前期低點附近，即 D 處。價格再度反彈，仍是大陽線反彈，然後大陰線殺跌，即 E 處，所以 E 處大陰線也是比較好的賣出位置。

　　如圖 4-5 所示的是啟迪環境（000826）2020 年 8 月 18 日至 2021 年 3 月 24 日的日 K 線圖。股價從 2015 年 6 月的最高點 55.60 元開始下跌，到 2021 年 2 月最低跌至 5.09 元，下跌幅度高達 90.85%。

　　下面來看最後一波下跌，2020 年 8 月 26 日股價反彈創出 9.83 元高

▲ 圖 4-5　啟迪環境（000826）日 K 線

點，然後開始震盪下跌。震盪下跌過程中雖有反彈，但總的來說反彈力
度很小。反彈結束後繼續下跌，最後連續 9 天陰線殺跌，從而創出 5.09
元低點。創出低點後價格在底部震盪，然後開始震盪上漲。所以最後的
大陰線殺跌，是市場主力在恐嚇散戶，讓散戶交出低廉的籌碼，主力一
旦吸貨完畢，就會大幅拉升。

　　如圖 4-6 所示的是青島啤酒（600600）2020 年 9 月 17 日至 2020 年
12 月 16 日的日 K 線圖。其股價經過一波整理後創出 70.00 元低點，然
後開始震盪上漲，先是站上 5 日均線，然後又站上 10 日均線，最後又
站上 30 日均線，均線呈多頭排列，這表示股價已處於上漲行情中。

　　在明顯的上漲行情中如果出現大陰線，投資人也不用恐慌，這是主
力在洗盤，即清除短線獲利籌碼，中長線投資人可以不理會這種陰線。

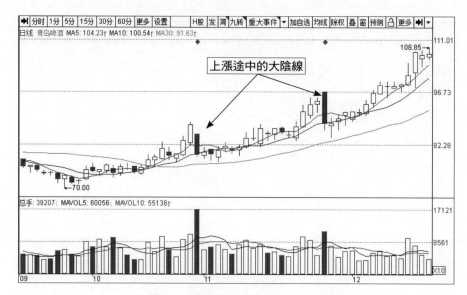

▲ 圖 4-6 青島啤酒（600600）日 K 線

4-2

長十字線：
重要的反轉訊號，絕不能漏看

　　長十字線的特徵是：開盤價和收盤價相同或基本上相同，而上影線和下影線特別長。長十字線的圖形如圖 4-7 所示。

▲ 圖 4-7　長十字線

4-2-1　技術含義

　　長十字線的開盤價和收盤價相同或基本上相同，但有很長的上下影線，這表示該交易日多空雙方進行了一場大激戰。前期低位買進的投資人在向外賣，而看好該股票的投資人在拼命買。因此在開盤價上方出現賣壓，所以股價上不去；在開盤價下方又有人在買進，股價下不來，於是打成平手。

　　長十字線是一種不同凡響的趨勢反轉訊號，特別是當市場處在一

個重要的轉捩點,或正處在牛市或熊市的晚期階段,或當時已有其他技術訊號出現警告訊號。

在上升趨勢中出現長十字線,特別是股價有一段較大漲幅之後出現,暗示股價見頂回落的可能性很大。在下跌趨勢中出現長十字線,特別是股價有一段較大跌幅之後出現,暗示股價見底回升的可能性很大。

4-2-2　操作指導

長十字線的操作指導具體如下所述。

第一,股價經過長時間的大幅下跌之後,出現長十字線,這表示空方力量已衰竭,多方力量開始聚集反攻,可以輕倉介入,然後再順勢加倉。第二,股價探明底部區域之後,開始震盪上升,在上漲過程中出現回檔。回檔過程中出現長十字線,這表示短線獲利籌碼已被清洗完畢,主力重新入場做多,是重倉買進的最好時機。

第三,股價經過長時間上漲之後,進入高位區域,最後又進行瘋狂拉升,在其末端出現長十字線,這表示上漲行情很可能將結束,要及時獲利出局觀望。第四,股價在高位震盪過程中出現長十字線,如果手中還有籌碼,也要及時出場觀望。

第五,股價在高位區域震盪後開始下跌,特別是在下跌初期出現長十字線,不要輕易進場搶反彈,最好的策略仍然是觀望。

4-2-3　長十字線實戰案例分析

如圖 4-8 所示的是康欣新材(600076)2020 年 12 月 7 日至 2021 年 4 月 9 日的日 K 線圖。其股價在 2015 年 6 月為 18.84 元,經過較長時間下跌之後,2021 年 2 月 1 日創出 3.09 元低點,下跌幅度高達 83.6%。

　　無論從時間上或下跌幅度上看，其股價已接近下跌尾端，所以這時出現長十字線，即 A 處，是進場買入股票的位置。從其後走勢來看，股價創出 3.09 元低點後就開始震盪上漲。需要注意的是，上漲行情的初期不會上漲太快，常常是「三步一回頭」走勢。

▲ 圖 4-8　康欣新材（600076）日 K 線

　　如圖 4-9 所示的是河鋼股份（000709）2020 年 12 月 18 日至 2021 年 4 月 12 日的日 K 線圖。其股價經過一波下跌後，創出 2.03 元低點，然後價格開始震盪上漲。先是站上 5 日均線，然後站上 10 日均線，最後站上 30 日均線。

　　均線呈多頭排列，隨後價格沿著 10 日均線震盪上漲，經過十幾個交易日上漲之後，在 A 處出現長十字線。這表示多空開始有較大分歧，即多頭力量不太強了，有回檔要求。所以此處可以減倉，但也不用過份緊張，畢竟股價剛剛上漲，漲幅不大。

隨後價格出現回檔，回檔到 30 日均線附近價格開始震盪，表示價格得到支撐，所以在此處可以重新把賣出的股票再買回來。從其後走勢來看，價格在 30 日均線附近止跌後，又開始一波上漲行情，所以及時買進的投資人，短時間內就會有不錯的獲利。

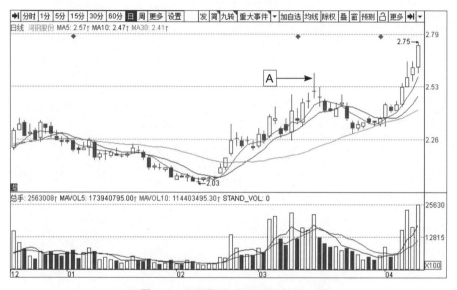

▲ 圖 4-9　河鋼股份（000709）日 K 線

如圖 4-10 所示的是浙江廣廈（600052）2015 年 1 月 29 日至 2015 年 9 月 2 日的日 K 線圖。其股價在 2013 年 6 月最低跌到 2.76 元，到 2015 年 6 月最高上漲到 14.98 元，上漲幅度高達 542.75%。

無論從時間還是空間上看，股價已上漲到高位，只要在高位出現長十字線，就表示股價有反轉的可能，所以在 A 處要及時賣出手中的股票。從其後走勢來看，又經過兩年時間的震盪下跌，最後跌到 2.50 元，所以在高位一旦出現見頂訊號，就要果斷賣出股票。否則會從原本有獲利變成虧損，甚至損失慘重，如圖 4-11 所示。

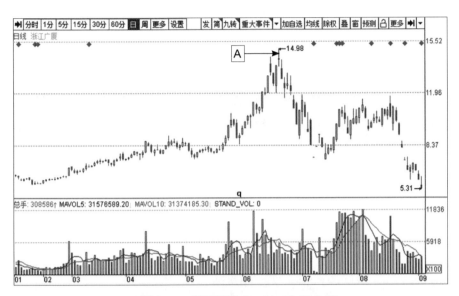

▲ 圖 4-10　浙江廣廈（600052）日 K 線

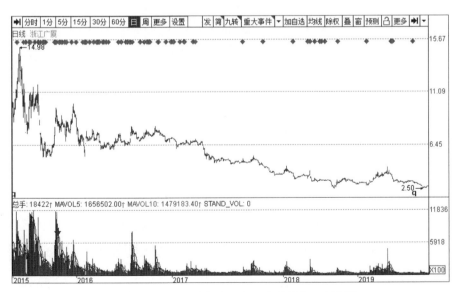

▲ 圖 4-11　浙江廣廈（600052）的震盪下跌行情

　　如圖 4-12 所示的是天壇生物（600161）2020 年 4 月 21 日至 2020 年
10 月 28 日的日 K 線圖。其股價在 2018 年 9 月創出 16.80 元低點，2020
年 8 月最高上漲到 53.49 元，上漲幅度高達 318.39%。

　　無論從時間或空間上看，股價已上漲到高位。需要注意的是，股
價在高位出現震盪，在高位震盪中出現長十字線，這是轉勢的訊號，所
以在 A 處要及時賣出手中的股票。

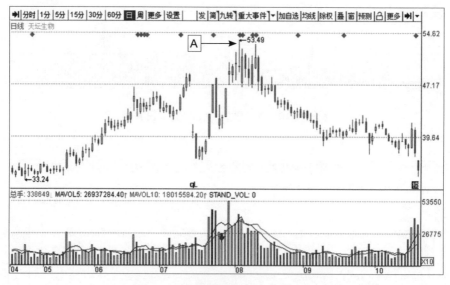

▲ 圖 4-12　天壇生物（600161）日 K 線

　　如圖 4-13 所示的是復星醫藥（600196）2020 年 7 月 17 日至 2021 年
3 月 11 日的日 K 線圖。其股價經過連續大幅上漲之後，創出 79.19 元高
點，並且在創出高點這天，價格收一根長十字線，即 A 處，表示價格很
可能反轉。

　　從其後走勢來看，價格出現長十字線後就開始快速下跌，先是跌
破支撐線（64 元附近），這樣支撐線就由支撐變成了壓力。價格快速

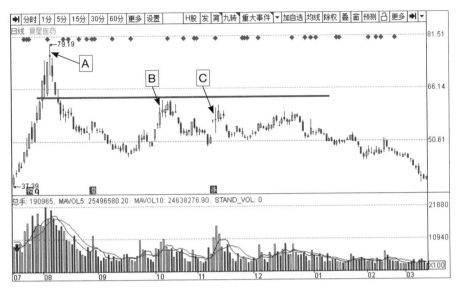

▲ 圖 4-13　復星醫藥（600196）日 K 線

下跌到 47 元附近，價格得到支撐，然後開始震盪反彈。

　　需要注意的是，價格雖然反彈時間很長，但始終在壓力線之下，並且反彈到壓力線附近就出現長十字線，即 B 處和 C 處。表示壓力很大，多方力量很難突破上方壓力，所以 B 處和 C 處的長十字線是賣出股票的位置。需要注意的是盤久必跌，所以長時間盤整後股價再度下跌。

　　如圖 4-14 所示的是冠農股份（600251）2020 年 8 月 17 日至 2021 年 3 月 4 日的日 K 線圖。股價經過一波上漲之後創出 9.77 元高點，然後開始震盪下跌，經過近半年時間的下跌，最低跌到 5.20 元。

　　需要注意的是，跌到 5.20 元時出現長十字線，即 A 處，這是一條轉勢 K 線，即價格很可能由前期的下跌趨勢轉為上漲行情。所以在 A 處時，手中還有該股籌碼的投資人不要再賣出；如果手中還有資金，可以輕倉買進該股票。

▲圖 4.14　冠農股份（600251）日 K 線

4-3

螺旋槳：在上漲行情中，陽線比陰線力量大

　　螺旋槳的開盤價、收盤價相近，其實體可以為小陽線，也可以為小陰線。螺旋槳的上影線和下影線都很長，看起來就像飛機的螺旋槳，故命名為「螺旋槳」，如圖 4-15 所示。

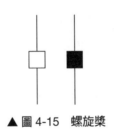

▲ 圖 4-15　螺旋槳

4-3-1　技術含義

　　螺旋槳是一種轉勢訊號。它在上漲行情中，尤其是股價有了一段較大漲幅之後，螺旋槳的作用是領跌。反之在下跌行情中，尤其是股價有了一段較大跌幅之後，螺旋槳的作用是領漲。螺旋槳的實體是陽線或陰線沒有區別，但在上漲行情中，陽線比陰線力量更大；在下跌行情中，情形正好相反。

111

4-3-2　操作指導

螺旋槳的操作指導具體如下所述。

第一，股價經過長時間大幅下跌之後，出現螺旋槳，這表示空方力量已衰竭，多方力量開始聚集反攻，可以輕倉介入，然後再順勢加倉。第二，股價探明底部區域之後開始震盪上升，在上漲過程中出現回檔，回檔過程中出現螺旋槳，這表示短線獲利籌碼已被清洗完畢，主力重新入場做多，此時是重倉買進的最好時機。

第三，股價經過長時間上漲之後，進入高位區域，最後又進行瘋狂拉升，在其末端出現螺旋槳，這表示上漲行情很可能將結束，要及時獲利出局觀望。

第四，股價在高位震盪過程中出現螺旋槳，如果手中還有籌碼，也要及時出局觀望。

第五，股價在高位區域震盪後開始下跌，特別是下跌初期出現螺旋槳，此時不要輕易進場搶反彈，最好的策略仍然是觀望。

4-3-3　螺旋槳實戰案例分析

如圖 4-16 所示的是中視傳媒（600088）2018 年 9 月 21 日至 2019 年 5 月 7 日的日 K 線圖。其股價在 2018 年 10 月創出 6.90 元低點，2019 年 3 月創出 26.30 元高點，漲幅高達 281.16%。

需要注意的是，股價在創出 26.30 元高點時收一根螺旋槳 K 線，這是一根見頂 K 線，也是轉勢訊號，所以手中持有該股籌碼的投資人，要及時賣出該股票。從其後走勢來看，股價見頂後在高位震盪，震盪結束後，跌破下方支撐線開始快速下跌，不及時出局的投資人可能獲利大減，甚至由獲利變成虧損。

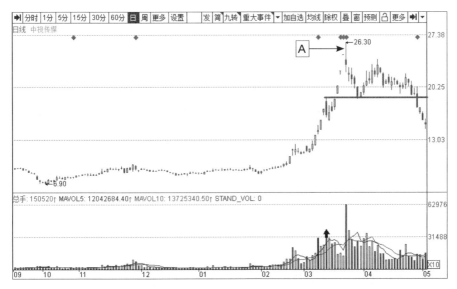

▲ 圖 4-16　中視傳媒（600088）日 K 線

　　如圖 4-17 所示的是浪莎股份（600137）2020 年 7 月 2 日至 2021 年 1 月 14 日的日 K 線圖。其股價經過較長時間、較大幅度的上漲之後創出 20.35 元高點，但創出高點一天後，收了一根螺旋槳轉勢 K 線。需要注意的是，價格隨後並沒有直接下跌，而是在高位震盪，在震盪過程中出現螺旋槳 K 線，即 A 處，所以這裡要減倉或清倉。

　　從其後走勢來看，股價在高位震盪近兩個月之後，一根大陰線跌破支撐線，即 B 處，然後價格開始震盪下跌行情。

　　如圖 4-18 所示的是國藥現代（600420）2020 年 11 月 13 日至 2021 年 2 月 4 日的日 K 線圖。其股價經過一波上漲，創出 10.72 元的高點。需要注意的是股價在創出高點這天，收了一根十字線，表示多空雙方有較大分歧。隨後 3 天價格震盪下跌，先是跌破 5 日均線，然後跌破 10 日均線，並且價格繼續下跌。

　　下跌到 30 日均線附近，價格出現一根螺旋槳，即 A 處，這表示價

▲ 圖 4-17　浪莎股份（600137）日 K 線

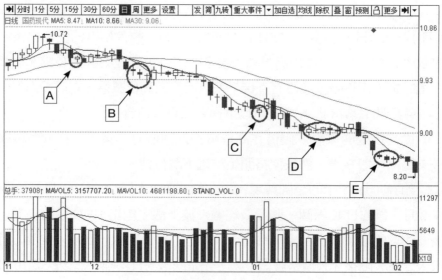

▲ 圖 4-18　國藥現代（600420）日 K 線

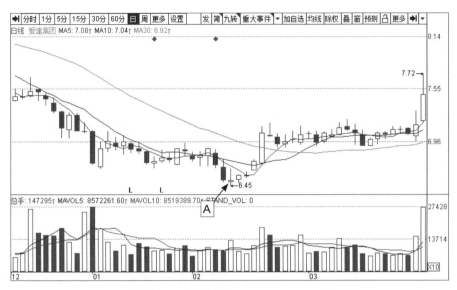

▲ 圖 4-19　愛建集團（600643）日 K 線

格可能反彈，但反彈很弱。從其後走勢可以看出，反彈 6 個交易日，沒
有突破前面那根中陰線，隨後股價跌破 30 日均線，開始沿著 5 日均線
下跌。所以此處出現十字線或螺旋槳不能輕易進場做多，否則很容易被
套，即 B 處。

在 C 處價格再度出現螺旋槳，但投資人一定要了解，當前在空頭
行情中，即明顯的下跌趨勢，最好不要輕舉妄動，否則很容易被套。如
果投資人在 C 處抄底買進股票，第 2 個交易日不出局就會被套。同理，
D 處和 E 處也不能進場做多。

總之在明顯的下跌趨勢中，不要輕易進場做多，否則很容易被
套，如果不及時停損，損失會越來越大，甚至絕望。

如圖 4-19 所示的是愛建集團（600643）2020 年 12 月 29 日至 2021
年 3 月 22 日的日 K 線圖。其股價在 2015 年 6 月創出 30.36 元高點，在
2021 年 2 月 8 日創出 6.45 元低點，跌幅高達 78.75%。

　　無論從時間或空間上看，股價已處於底部區域，所以如果出現轉勢K線，就需要特別注意了。在創出低點6.45元該交易日，收盤收了一根螺旋槳，即A處，這是一根轉勢K線，所以可以關注該股票了。

　　股價隨後震盪上漲，先是站上5日均線，然後站上10日均線，最後一根大陽線站上30日均線，這表示股價要開始上漲，所以可以進場做多了。

　　如圖4-20顯示的是盛屯礦業（600711）2020年5月8日至2020年8月26日的日K線圖。其股價經過一波下跌創出3.56元低點，隨後價格小陽線上漲，先是站上5日均線，然後站上10日均線，最後站上30日均線，均線形成多頭排列，即形成上漲趨勢。

　　在上漲趨勢中，股價連續三根陽線上漲後，最後一根陽線為螺旋槳K線，即A處。短線高手可以減倉，然後等待股價回檔到支撐位，再把倉位補回來，即在B處10日均線附近補回倉位。

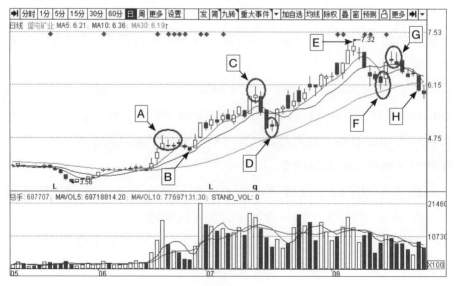

▲ 圖4-20　盛屯礦業（600711）日K線

　　股價在 B 處止跌後開始上漲，先是連續兩根中陽線上漲，然後沿著 5 日均線震盪上漲，經過 12 個交易日上漲之後，再度出現螺旋槳 K 線，即 C 處，所以此處可以減倉。隨後股價開始下跌，下跌到 30 日均線附近，股價收一根十字線，即 D 處，所以此處是補回倉位的位置。

　　隨後股價繼續上漲，最高上漲到 7.32 元，要注意此處又出現螺旋槳 K 線，即 E 處，所以這裡要注意減倉。接著價格出現快速下跌，下跌到 30 日均線附近，再度出現螺旋槳 K 線，即 F 處，此處可以把倉位補回來。

　　需要注意的是，股價上漲一天再度出現十字線，這表示上方壓力較大，即 G 處。隨後價格開始震盪下跌，下跌 3 個交易日後，第 4 個交易日大陰線跌破 30 日均線，即 H 處。這表示上漲行情已經結束，手中的股票籌碼要全部賣出，即清倉。

Chapter 5

在上漲初期就進場，
高手都是這樣快速獲利

5-1

【實戰技巧1】

看到這3種組合， 要趕快跟著主力做多

5-1-1　紅三兵

　　紅三兵的特徵是：在上漲趨勢中，出現三根連續創新高的小陽線。需要注意的是，當三根小陽線收於最高或接近最高點時，稱為「3個白色武士」，其作用強於一般的紅三兵，投資人應高度重視。紅三兵的圖形如圖 5-1 所示。

　　紅三兵是推動股價上漲的訊號，一般來說，股價見底回升或橫盤後出現紅三兵，表示多方正在積蓄力量，準備發力上攻。如果在紅三兵後，股價上衝時成交量能同步放大，說明已有主力加入，後面繼續上漲的可能性極大。投資人見此 K 線組合，應大膽買進，從而輕鬆快速獲利。

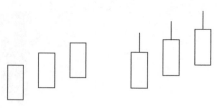

▲ 圖 5-1　紅三兵

5-1-2　冉冉上升形

　　冉冉上升形的特徵是：股價經過一段時間橫盤整理後，出現向上傾斜的一組小 K 線，一般不少於八根，其中以小陽線居多。這種小幅上升走勢如同冉冉上升的旭日，故名為冉冉上升形。冉冉上升形的圖形如圖 5-2 所示。

　　冉冉上升形往往是股價大漲的前兆，如果有成交量的溫和放大配合，大漲可能性就會很高。所以投資人見此 K 線組合，可先試著做多，若日後股價出現拉升，再繼續加碼買進。

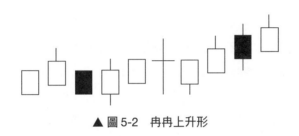

▲ 圖 5-2　冉冉上升形

5-1-3　多方尖兵

　　多方尖兵的特徵是：股價在上升過程中遇到空方打擊，出現一根上影線，股價隨之回落整理，但多方很快又發動一次攻勢，股價穿越前面的上影線。多方尖兵的圖形如圖 5-3 所示。

　　多方尖兵的技術意義是：多方在發動大規模攻擊前，曾做過一次試探性的進攻，在 K 線留下一根較長的上影線。有人把它比喻成深入空方腹地的尖兵。多方尖兵的出現，表示股價會繼續上漲，投資人見此 K 線組合，要跟著做多，會有不錯的獲利機會。

▲ 圖 5-3　多方尖兵

5-1-4　紅三兵實戰案例

如圖 5-4 所示的是飛亞達（000026）2020 年 5 月 28 日至 7 月 8 日的日 K 線圖。其股價經過一波下跌創出 8.21 元低點，然後股價開始上漲，先是站上 5 日均線，然後站上 10 日、30 日均線，由下跌行情變成上漲行情。隨後價格繼續震盪，但始終在 30 日均線之上。

在 A 處股價連續收陽線，即出現了紅三兵看漲訊號，並且突破前期

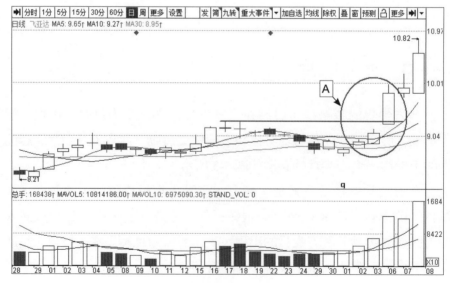

▲ 圖 5-4　飛亞達（000026）日 K 線

震盪平台的高點，即突破前期平台壓力，這表示價格要開始新的一波上漲行情。所以在 A 處，如果手中有該股票的籌碼，要耐心持有；如果手中沒有籌碼並且手中有資金，則可以在 A 處買入股票，並且重倉買入。向右移動 K 線圖，就可以看到該股的後期走勢，如圖 5-5 所示。

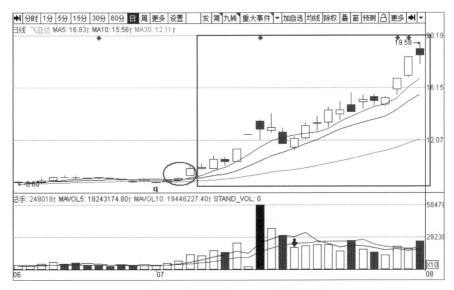

▲ 圖 5-5　飛亞達（000026）後期走勢

在這裡可以看到股價出現紅三兵後，沿著 5 日和 10 日均線連續上漲，短短十幾個交易日，就會獲利豐厚。如果在下跌趨勢中出現紅三兵，投資人要採取持籌觀望的態度，因為這很可能是主力在反技術進行誘多操作。

如圖 5-6 所示的是皇庭國際（000056）2020 年 7 月 8 日至 2021 年 2 月 1 日的日 K 線圖。其股價經過一波反彈上漲，創出 4.58 元高點，然後開始震盪盤整，最後開始趨勢性下跌。在明顯的下跌行情中出現紅三兵，這時千萬不能進場做多否則很容易被套，所以在 A 和 B 處都不能買

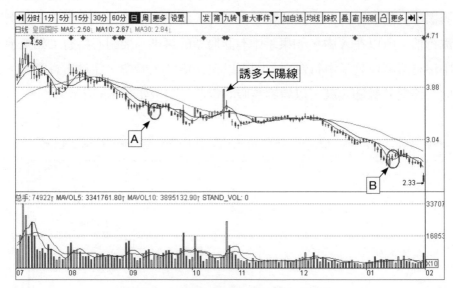

▲ 圖 5-6　皇庭國際（000056）日 K 線

進該股票。另外，在下跌行情中，還要特別小心誘多大陽線，千萬不能
被套在高位。

5-1-5　冉冉上升形實戰案例

　　如圖 5-7 所示的是青島啤酒（600600）2020 年 2 月 24 日至 7 月 15
日的日 K 線圖。股價經過一波下跌創出 36.40 元低點，創出低點這天收
了一根錘頭線見底 K 線，然後開始上漲。先是站上 5 日均線，然後站上
10 日均線，最後站上 30 日均線，均線系統已處於多頭狀態。

　　隨後股價在 30 日均線上方橫盤整理，在整理過程中形成冉冉上升
形看漲訊號，即 A 處，這是一個看多訊號。如果手中有籌碼可以繼續
持有，沒有籌碼就可以沿著 5 日均線買進股票，最終會有豐厚獲利。如
果在下跌趨勢中出現冉冉上升形，投資人要採取持籌觀望的態度，因為

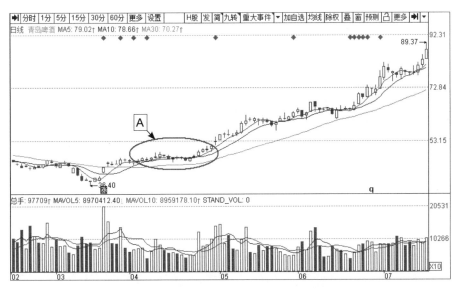

▲ 圖 5-7　青島啤酒（600600）日 K 線

這很可能是主力在反技術進行誘多操作。

　　如圖 5-8 所示的是市北高新（600604）2020 年 7 月 7 日至 10 月 23 日的日 K 線圖。該股經過一波上漲之後，創出 11.45 元高點，然後開始震盪下跌，最終均線形成空頭行情。A 處股價明顯處於空頭行情，但卻出現冉冉上升形，那麼在這裡可以進行買入操作嗎？首先股價還在 30 日均線壓制之下，所以此處不能進行買進操作。另外，成交量也不配合，即成交量沒有溫和放大。

　　向右移動 K 線圖，就可以看到該股的後期走勢，如圖 5-9 所示。可以看到，冉冉上升形沒有站上 30 日均線，如果此處買進，則正好買在最高點。如果不及時停損出局就會越套越深，最終很可能在連續下跌時認賠出場。

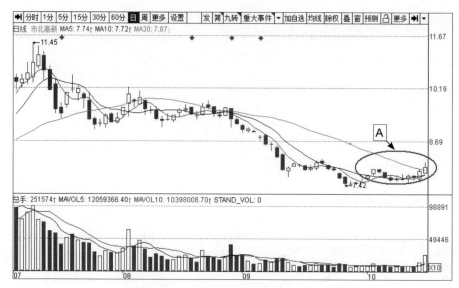

▲ 圖 5-8　市北高新（600604）日 K 線

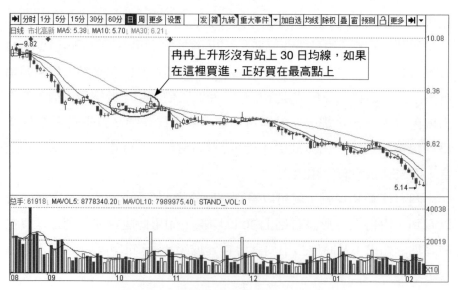

▲ 圖 5-9　市北高新（600604）後期走勢

5-1-6　多方尖兵實戰案例

如果股價處在明顯的上升行情，且上漲幅度不大，這時出現多方尖兵看漲訊號，表示上漲動力仍在，投資人可以繼續看漲，還可以逢低再加倉。

如圖 5-10 所示的是東方雨虹（002271）2020 年 11 月 29 日至 2021 年 2 月 9 日的日 K 線圖。其股價經過一波回檔創出 33.60 元低點，然後股價開始震盪上漲。先是站上 5 日均線，然後站上 10 日均線，經過較長時間的盤整之後，才站上 30 日均線。

股價站上 30 日均線後沿著 5 日均線上漲，接著在 A 處出現多方尖兵看漲訊號。由於股價剛剛上漲且均線良好，所以這時如果手中有籌碼，一定要耐心持有。如果沒有籌碼，要敢於在這裡買進，短時間內就會有不錯的獲利。如果股價處在明顯的下跌趨勢中出現反彈，反彈過程

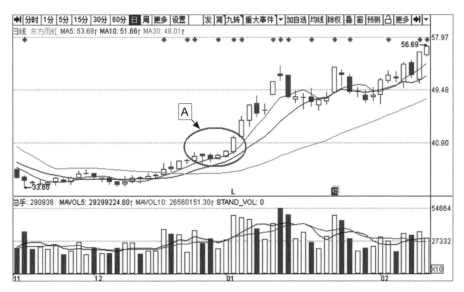

▲ 圖 5-10　東方雨虹（002271）日 K 線

中出現多方尖兵看漲訊號，這很可能是主力在誘多，要有隨時出局觀望的思維。

　　如圖 5-11 所示的是威創股份（002308）2020 年 7 月 16 日至 12 月 28 日的日 K 線圖。其股價經過一波上漲之後創出 8.94 元高點，然後在高位震盪，震盪後跌破 30 日均線，且均線呈空頭排列，即行情進入下跌趨勢。

　　在明顯的下跌行情中，A 和 B 處出現多方尖兵看漲訊號。但投資人一定要知道，當前是下跌趨勢，最好以觀望為主。只有等均線再度變成多頭排列才能操作，否則很容易在下跌行情中抄底，結果損失慘重。

▲ 圖 5-11　威創股份（002308）日 K 線

5-2

【實戰技巧 2】
這 2 種 K 線組合出現，
就準備持股待漲

5-2-1　兩紅夾一黑

兩紅夾一黑的特徵是：左右兩邊是陽線，中間是陰線，三根 K 線的中軸基本上處於同一水平位置，兩根陽線的實體一般比陰線實體長。兩紅夾一黑的圖形如圖 5-12 所示。

如果兩紅夾一黑出現在跌勢中，暗示股價會暫時止跌，或有可能見底回行；在上漲趨勢中，特別是在上升初期，表示股價經過短暫的整理，還會繼續上漲。

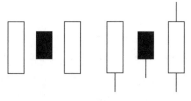

▲ 圖 5-12　兩紅夾一黑

5-2-2　上升三部曲

　　上升三部曲又稱升勢三鴉，出現在上升途中。上升三部曲由五根 K
線組成，首先拉出一根大陽線，接著連續出現三根小陰線，但沒有跌破
前面陽線的開盤價，隨後出現一根大陽線或中陽線，其走勢有點類似英
文字母「N」。上升三部曲的圖形如圖 5-13 所示。

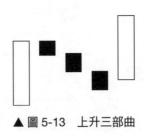

▲ 圖 5-13　上升三部曲

　　上升三部曲的 K 線組合中有三連陰，投資人不要認為股價就會轉
弱，開始做空。看到該 K 線組合後，可以認定它是一個買入訊號，要
敢於買進並持股待漲。顯然，如果投資人把上升三部曲中的三連陰看成
賣出訊號，賣股離場，勢必會錯失一大段上漲行情。

專家提醒

上升三部曲的變形很多，投資人要明確該 K 線組合的實戰意義，碰到變形時
不要太在意形狀，更重要的是它的含義。上升三部曲的真正含義是主力在發
動行情前，先拉出一根大陽線進行試盤，接著連拉小陰線或以陰多陽少的方
式進行壓盤，從而清除短線獲利籌碼或持籌不堅定者，當短線投資人看淡之
際突然發力，再度拉出一根大陽線，宣告整理結束。

5-2-3　兩紅夾一黑實戰案例

股價經過長時間大幅下跌之後，探明底部區域，開始震盪上升，這時出現兩紅夾一黑看漲訊號，預示後市還會上漲，這時可以順勢加倉。

如圖 5-14 所示的是招商銀行（600036）2018 年 12 月 18 日至 2019 年 4 月 8 日的日 K 線圖。其股價經過一波下跌回檔，創出 24.38 元低點，然後股價開始震盪上漲。先後站上 5 日、10 日和 30 日均線，均線形成多頭排列，即行情為上漲趨勢。

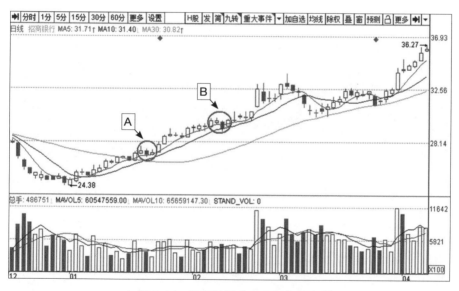

▲ 圖 5-14　招商銀行（600036）日 K 線

在上漲行情的初期，連續出現兩紅夾一黑看漲訊號，即 A 和 B 處，這兩處都是不錯的買進的位置。當然如果投資人手中有低位籌碼，可以繼續持有；如果投資人手中沒有籌碼，就可以在 A 和 B 處買進。

如果股價經過一段時間上漲之後在高位震盪，震盪過程中出現兩

紅夾一黑，可以短線做多跟進。但要小心主力是否在誘多，以防把自己
套在高位。

如圖 5-15 所示的是深糧控股（000019）2020 年 7 月 2 日至 2021 年
1 月 13 日的日 K 線圖。其股價經過快速上漲之後在高位震盪，震盪過程
中出現兩紅夾一黑看漲訊號，即 A 處。這時如果投資人手中有籌碼，可
以繼續持有；如果投資人手中沒有籌碼，可以輕倉買進。

但投資人要知道當前股價在高位，一旦出現不利的訊號就要賣出
股票，觀望為主。

▲ 圖 5-15　深糧控股（000019）日 K 線

如果股價處在明顯的下跌趨勢出現反彈，反彈過程中出現兩紅夾
一黑，這很可能是主力在誘多，要有隨時出場觀望的思維。

如圖 5-16 所示的是同方股份（600100）2020 年 11 月 5 日至 2021 年
2 月 5 日的日 K 線圖。其股價經過一波反彈，正好反彈到 30 日均線再度

受壓下行。在明顯的下跌行情中，連續出現兩紅夾一黑，即 A 和 B 處。雖然是看漲訊號，但不能做多否則很容易被套。如果是短線高手可以輕倉買入該股票，但一定要注意，一旦出現不利的訊號，就要及時賣出股票。

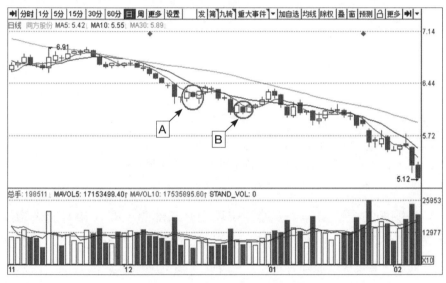

▲ 圖 5-16　同方股份（600100）日 K 線

5-2-4　上升三部曲實戰案例

　　股價在明顯上升趨勢中出現較大幅度的整理，整理後期出現上升三部曲看漲訊號，要及時加倉跟進。

　　如圖 5-17 所示的是上海貝嶺（600171）2021 年 3 月 3 日至 4 月 29 日的日 K 線圖。其股價經過一波下跌回檔，創出 13.71 元低點，然後股價開始震盪上漲。先是站上 5 日均線，然後站上 10 日均線，最後站上 30 日均線，行情就形成上漲趨勢。

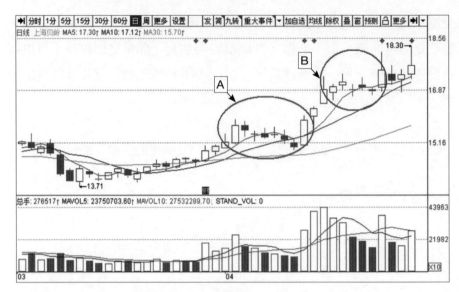

▲ 圖 5-17　上海貝嶺（600171）日 K 線

　　在明顯的上漲趨勢中，連續出現上升三部曲，即 A 和 B 處，這是明顯的看漲訊號。如果手中有籌碼可以繼續持有，如果沒有可以逢低買入該股票。股價經過長時間的上漲後進入高位區域，然後在高位震盪，這時出現上升三部曲看漲訊號。短線投資人可以輕倉跟進，但要時時警惕，以防被主力套在高位。

　　如圖 5-18 所示的是生益科技（600183）2020 年 2 月 12 日至 2021 年 9 月 10 日的日 K 線圖。其股價在 2018 年 6 月創出 8.15 元低點，2020 年 3 月上漲到 36.80 元，上漲幅度高達 351.53%。

　　大幅上漲之後就開始在高位震盪，震盪過程中出現上升三部曲看漲訊號，即 A 處，可以買進該股票。但要注意的是股價已大漲過，如果上漲過程中出現不利的訊號，要先停利出場為妙。

　　如果股價處在明顯的下跌趨勢中出現反彈，過程中出現上升三部曲看漲訊號，這很可能是主力在誘多，要有隨時出場觀望的思維。

▲ 圖 5-18　生益科技（600183）日 K 線

　　如圖 5-19 所示的是農發種業（600313）2020 年 12 月 21 日至 2021 年 4 月 29 日的日 K 線圖。其股價經過一波反彈上漲之後創出 6.59 元高點，然後寬幅震盪，震盪後股價沿著均線下跌，即形成明顯的空頭行情。

　　在明顯的下跌行情中，出現上升三部曲看漲訊號，是否可以買進該股票呢？如果投資人不是短線高手，儘量不要碰這樣的股票，一定要等均線都走好了再進場。從其後走勢來看，這一波行情正好反彈到 30 日均線附近，再度受壓下行，如果不及時停損，損失只會越來越大。

▲ 圖 5-19　農發種業（600313）日 K 線

5-3

【實戰技巧3】
遇到這 3 種組合，
中長線投資人可安心買進

5-3-1　穩步上漲形

　　穩步上漲形的特徵是：在上漲過程中，眾多陽線中夾著較少的小陰線，股價一路上漲。如果後面的陽線對插入的陰線，覆蓋速度越快越有力，則上升的潛力就越大。穩步上升形的圖形如圖 5-20 所示。

　　穩步上升形的出現，表示股價仍會繼續上漲，這是一個做多訊號。投資人見到該 K 線組合，應以持股為主，不要輕易賣出股票。

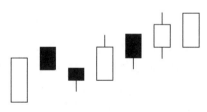

▲ 圖 5-20　穩步上漲形

5-3-2　徐緩上升形

徐緩上升形的特徵是：在上漲行情的初期，連續出現幾根小陽線，隨後出現一兩根中陽線或大陽線。徐緩上升形的圖形如圖 5-21 所示。

股價剛啟動或橫盤後，股價往上抬升時，出現徐緩上升形 K 線組合，表示多方力量正在逐步壯大，後市雖有波折，但總趨勢向上的格局已初步奠定。投資人看到該 K 線組合，可以適量跟進。

▲ 圖 5-21　徐緩上升形

5-3-3　上升抵抗形

上升抵抗形的特徵是：在股價上升過程中連續跳開高盤，收出眾多陽線，其中夾著少量陰線，但這些陰線的收盤價均比前一根 K 線的收盤價高。上升抵抗形的圖形如圖 5-22 所示。

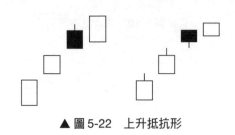

▲ 圖 5-22　上升抵抗形

股價上升時出現上升抵抗形，是買方力量逐漸增強的表現，顯示日後股價仍會繼續上漲，少數情況下，還可能出現加速上漲態勢。投資人見到該 K 線組合，可以考慮適量買進。

專家提醒

從推動股價上漲的短期作用來說，力量最強的首先是上升抵抗形，其次是徐緩上升形，再次穩步上漲形，最後是冉冉上升形。但這僅僅對短線操作有參考價值，對中長線操作而言，不疾不徐的上升走勢反而讓人放心。

5-3-4　穩步上漲形實戰案例

如果股價處在明顯的上升行情中，且上漲幅度不大，這時出現穩步上漲形看漲訊號，表示上漲動力仍在，投資人可以繼續看漲，還可以逢低再加倉。

如圖 5-23 所示的是洪都航空（600316）2020 年 11 月 13 日至 2021 年 1 月 7 日的日 K 線圖。該股價經過一波下跌創出 29.95 元低點，然後股價開始震盪上漲。先是站上 5 日和 10 日均線，然後站上 30 日均線。隨後股價仍震盪盤升，依序是四根陽線、兩根陰線、三根陽線、三根陰線、四根陽線、一根陰線，最後是兩根陽線，即 A 處。

A 處是一個看漲訊號，即穩步上漲形，另外還需要注意所有 K 線的收盤價都在 30 日均線上方，這意味著價格處在多頭行情中。所以如果手中持有該股票籌碼，可以繼續持有；如果沒有，可以逢低買進。

從其後走勢可以看出，股價穩步上漲形之後出現快速拉升，短時間內就會有較大獲利。如果股價已處在明顯的高位，這時出現穩步上漲形看漲訊號不要輕易進場，很可能是市場主力在誘多，一不小心就會被

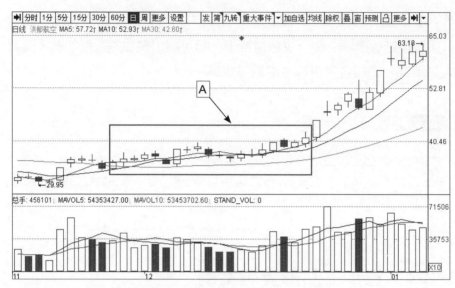

▲ 圖 5-23　洪都航空（600316）日 K 線

套在高位。

　　如圖 5-24 所示的是貴航股份（600523）2020 年 4 月 23 日 10 月 26 日的日 K 線圖。其股價經過一波下跌回檔，創出 12.02 元低點，然後開始震盪盤升。先是站上所有均線，均線形成多頭行情，然後股價繼續震盪上漲，雖有回檔但都沒有跌破 30 日均線。

　　A 處股價再度回檔到 30 日均線附近，依序是兩根陽線上漲、一根陰線殺跌、兩根陽線上漲、一根陰線下跌、三根陽線上漲、一根陰線殺跌、兩根陽線上漲，最後是一陰一陽，即出現穩步上漲形。

　　這是一個看漲訊號，如果手中有該股票的籌碼，可以繼續持有；如果沒有該股票籌碼，則可以輕倉介入。但一定要注意，股價已出現上漲獲利盤較多，要特別小心回檔，一旦有不利的訊號就要及時賣出。如果股價處在明顯的下跌趨勢出現反彈，反彈過程中出現穩步上漲形看漲訊號，很可能是主力在誘多，要有隨時出場觀望的思維。

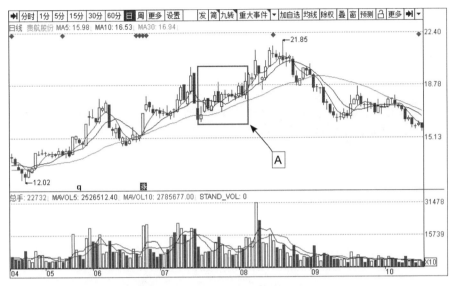

▲ 圖 5-24　貴航股份（600523）日 K 線

　　如圖 5-25 所示的是光明乳業（600597）2020 年 2 月 27 日至 11 月 25 日的日 K 線圖。其股價經過一波上漲之後，創出 22.66 元高點。創出高點這天收了一根帶有長上影線的 K 線，這表示上方壓力很大。隨後價格連續下跌，並且是跳空下跌，連續跌破 5 日、10 日和 30 日均線，均線變成空頭行情。

　　在明顯的下跌行情中，如果出現看漲訊號，即在 A 處出現穩步上漲形看漲訊號，千萬不能盲目，因為 30 日均線附近往往會有較大的壓力，所以最好的策略是觀望。當然，如果投資人是短線高手，可以輕倉短線操作，但一旦出現不利的訊號，就要果斷出場。

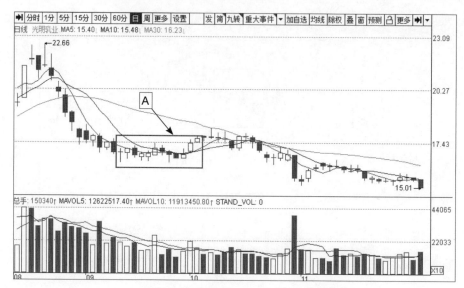

▲ 圖 5-25　光明乳業（600597）日 K 線

5-3-5　徐緩上升形實戰案例

如圖 5-26 所示的是馬應龍（600993）2020 年 5 月 27 日至 2020 年 7 月 13 日的日 K 線圖。其股價經過一波回檔創出 16.68 元低點，然後價格開始上漲，連續拉出陽線，即在 A 處出現徐緩上升形，這表示價格要開始新的一波上漲行情。手中有該股票籌碼的投資人，可以耐心持有；如果沒有籌碼，則可以關注買入機會。

從其後走勢可以看出，股價出現徐緩上升形之後，出現 6 個交易日的橫盤整理，但股價始終在 10 日均線上方，這表示價格始終處在多頭行情之中。股價震盪結束後，就開始新的上漲行情，短時間內就會有較豐厚的獲利。

股價經過長時間上漲之後進入高位區域，然後在高位震盪，這時出現徐緩上升形看漲訊號，最好採取觀望，不要輕易進場，以防被主力

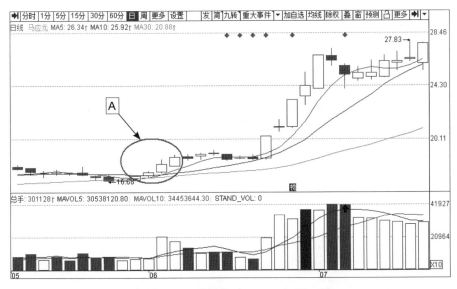

▲ 圖 5-26　馬應龍（600993）日 K 線

套在高位。

　　如圖 5-27 所示的是 TCL 科技（000100）2020 年 10 月 12 日至 2021 年 4 月 12 日的日 K 線圖。其股價經過兩波上漲之後在高位震盪，震盪過程中出現徐緩上升形，即 A 處。徐緩上升形雖然是看漲訊號，但投資人一定要知道，股價已有較大漲幅，震盪後如果向下突破就可能出現大跌。所以輕倉介入為佳，一旦有 K 線賣出訊號，就要及時出場觀望。

　　如果股價處在明顯的下跌趨勢中出現反彈，過程中出現徐緩上升形看漲訊號，這很可能是主力在誘多，要有隨時出場觀望的思維。

　　如圖 5-28 所示的是金融街（000402）2020 年 7 月 1 日至 9 月 30 日的日 K 線圖。其股價經過一波上漲創出 8.22 元的高點，但在創出高點這天卻收了一根大陰線，這表示上方壓力很大。隨後股價開始下跌，並且跌破所有均線。

　　股價快速下跌之後就開始反彈，需要注意的是，股價始終在 30 日

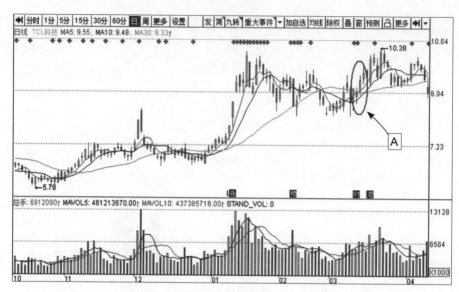

▲ 圖 5-27　TCL 科技（000100）日 K 線

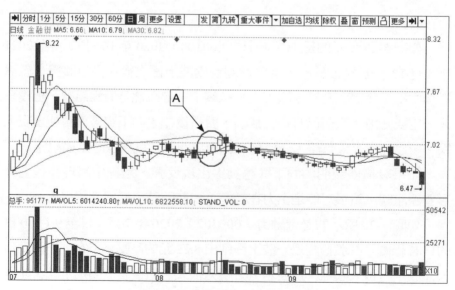

▲ 圖 5-28　金融街（000402）日 K 線

均線下方，這表示反彈力量很弱。在反彈過程中出現徐緩上升形，即 A
處，雖然是一個看漲訊號，但往往是主力在誘多，是利用看漲訊號出
貨。所以千萬不能在 A 處買進股票，否則就會被套在高位。

5-3-6 上升抵抗形實戰案例

如圖 5-29 所示的是鄂武商A（000501）2020 年 3 月 24 日 7 月 10
日的日 K 線圖。其股價經過長時間的橫盤整理之後，一根中陽線向上
突破，隨後出現上升抵抗形看漲訊號，即 A 處。由於股價剛剛向上突
破，橫有多長、豎就有多高，所以這時可以關注該股票的買進機會。

從其後走勢可以看出，股價雖然出現回檔，但始終在 30 日均線上
方。股價整理結束後開始新的上漲行情，及時買進的投資人，短時間內
就會有不錯的獲利。

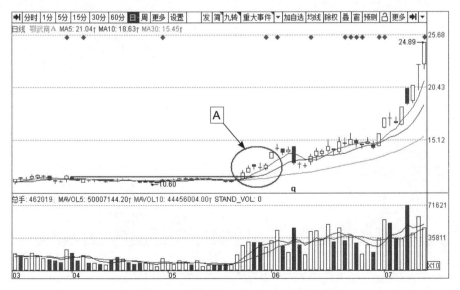

▲ 圖 5-29 鄂武商 A（000501）日 K 線

如圖 5-30 所示的是傳藝科技（002866）2020 年 3 月 20 日至 9 月 10 日的日 K 線圖。其股價經過一波下跌創出 11.36 元低點，然後震盪上漲，先是站上 5 日和 10 日均線，然後站上 30 日均線，這時出現上升抵抗形看漲訊號，即 A 處。這是上漲初期，所以可以關注其後期的買進機會。

　　從其後走勢來看，股價雖然出現回檔，但整體回檔幅度不大。回檔結束後，就開始一波明顯的上漲行情。股價震盪上漲之後，又出現回檔，回檔到 30 日均線價格開始上漲。但上漲速度很快，再度出現上升抵抗形，即 B 處。

　　需要注意的是，股價已經經過一段時間上漲且最後上漲幅度很快，幾乎是連續漲停，要小心主力利用大陽線誘多出貨。所以這裡是賣出股票的機會，不是進場做多的機會。

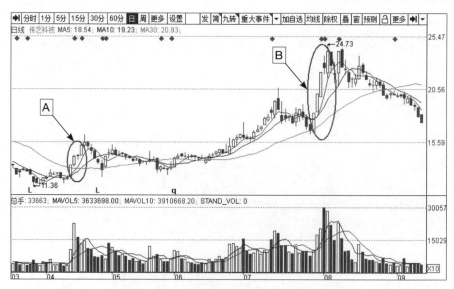

▲ 圖 5-30　傳藝科技（002866）日 K 線

5-4

【實戰技巧 4】
短期內會上漲的 2 種組合，看到快追！

5-4-1　下探上漲形

　　下探上漲形的特徵是：在上漲行情中，某日股價突然大幅開低，甚至以跌停板開盤，當日卻引出一個大陽線或以漲停板報收，從而在圖中拉出一根開低高走的大陽線。這就構成先下跌後上漲的型態，故命名為「下探上漲形」。下探上漲形的圖形如圖 5-31 所示。

　　從技術含義上來說，下探上漲形往往預示將有一段較好的上漲行情。如果出現在漲勢初期，就是一個可靠的買入訊號。投資人見此 K 線，可以繼續買進，並採取持籌待漲的策略。

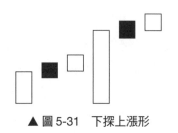

▲ 圖 5-31　下探上漲形

專家提醒

下探上漲形 K 線組合是一個強烈的做多訊號，特別是股價剛剛啟動時出現。
出現該 K 線組合，股價十有九漲，因此有人把下探上漲形中那根從底部崛起
的長陽線，形象地稱為「擎天柱」。擎天柱一旦出現，後市的前景就相當看
好了。股市實戰高手相當看重該 K 線組合，因為股價從低位開盤拉起，最後
能拉到高位收盤，拉升的主力實力必定不小。

5-4-2　上漲兩顆星

上漲兩顆星在上漲初期、中期出現，由一大兩小三根 K 線組成。
在上漲時，先出現一根大陽線或中陽線，隨後在這根陽線的上方出現兩
根小 K 線，即可以是小十字線，也可以是很小的陽線或陰線。上漲兩
顆星的圖形如圖 5-32 所示。

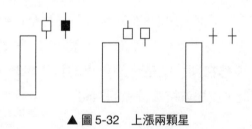

▲ 圖 5-32　上漲兩顆星

兩顆星的出現，表示漲勢仍會繼續，即股價很可能在短期內展開
新一輪的升勢。投資人看到該 K 線組合，可適量增加倉位，持籌待
漲。

5-4-3　下探上漲形實戰案例

如果股價處在明顯的上升行情中，並且上漲幅度不大，這時出現下探上漲形看漲訊號，表示上漲動力仍在可以繼續買進，並採取持籌待漲的策略。

如圖 5-33 所示的是國新能源（600617）2020 年 5 月 7 日至 8 月 5 日的日 K 線圖。其股價經過一波下跌創出 3.35 元低點，然後股價開始上漲，先是站上 5 日、10 日、30 日均線，均線慢慢形成多頭排列。隨後股價再也沒有跌破 30 日均線，即股價處在多頭行情之中。

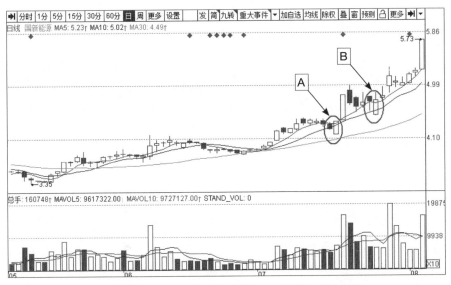

▲ 圖 5-33　國新能源（600617）日 K 線

在 A 和 B 處，都出現下探上漲形看漲訊號，如果投資人手中有該股票的籌碼，可以繼續持有；如果沒有籌碼，可以繼續買進。如果股價在高位出現下探上漲形看漲訊號，要小心很可能是主力在誘多。

　　如圖 5-34 所示的是太極實業（600667）2019 年 12 月 16 日至 2020 年 3 月 31 日的日 K 線圖。其股價經過一波較大幅度的上漲之後，創出 16.19 元高點，然後快速下跌到 30 日均線附近，出現下探上漲形看漲訊號，即 A 處。

　　由於下跌到支撐處出現看漲訊號，可以買進該股票。但投資人一定要知道，股價已經過較大幅度上漲，這裡可能是主力誘多出貨行情，所以一定要輕倉介入，有不利的訊號時應第一時間出局。

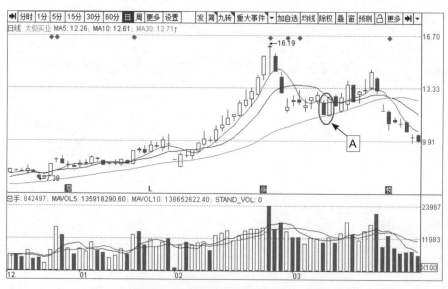

▲ 圖 5-34　太極實業（600667）日 K 線

5-4-4　上漲兩顆星實戰案例

　　股價經過長時間的大幅下跌之後，探明底部區域開始震盪上升，這時出現上漲兩顆星看漲訊號，預示著後市還會上漲，投資人可以順勢加倉。

如圖 5-35 所示的是天宸股份（600620）2020 年 6 月 9 日至 2020 年 7 月 23 日的日 K 線圖。該股股價經過一波橫盤式的整理後，均線完全黏合，這時一根大陽線拉起，同時站上所有均線，均線便成為了多頭行情。

大陽線後出現兩根小陰線，即出現上漲兩顆星看漲訊號，即 A 處。這裡是剛剛向上突破的看漲訊號，此處可以加倉做多。從其後走勢可以看出，此處加倉做多，短短十幾個交易日就會有較大的獲利。

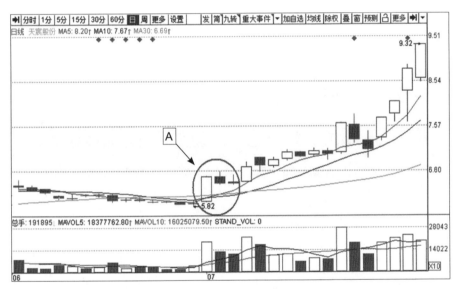

▲ 圖 5-35　天宸股份（600620）日 K 線

如果股價已經過較長時間上漲，然後在高位震盪，這時出現上漲兩顆星 K 線看漲訊號不要買進。而是要根據大勢情況來定，並且要輕倉操作，一有不利的訊號就要及時出場，畢竟股價現在在高位。

如圖 5-36 所示的是海南海利（600731）2020 年 7 月 15 日至 12 月 29 日的日 K 線圖。其股價經過較長時間、較大幅度上漲之後在高位震盪，

震盪過程中出現上漲兩顆星 K 線看漲訊號，即 A 處。如果這時買進股票又不及時賣出的話，短時間內就會有巨大損失。

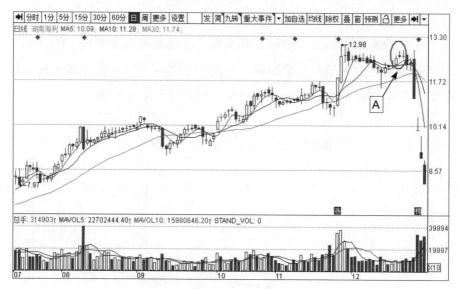

▲ 圖 5-36　海南海利（600731）日 K 線

5-5

【實戰技巧 5】
這 3 種 K 線是看漲訊號，
但要小心主力騙線

5-5-1　跳空上揚形

跳空上揚形，又稱升勢鶴鴉缺口，其特徵是：在上升趨勢中，出現一根跳空上揚的陽線，但第 2 個交易日股價不漲反跌，拉出一根陰線，其收盤價收在前 1 個交易日跳空處附近，且缺口沒有被填補。跳空上揚形的圖形如圖 5-37 所示。

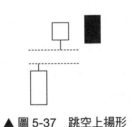

▲ 圖 5-37　跳空上揚形

跳空上揚形的出現，表示股價在攀升的過程中遇到一些麻煩，但之後經過多方努力，繼續把股價往上推。跳空上揚形是一個繼續看漲訊號，常常出現在上升行情的初期、中期，然後經過短暫整理就開始向上發力進攻。投資人看到該 K 線組合，可以適量買入或持股待漲。

5-5-2　高位並排陽線

　　高位並排陽線，又稱升勢戀人肩並肩缺口，其特徵是：在行情上漲途中，兩個有著大約相同開盤價格的陽線跳空升起，與前一交易日的陽線之間形成一個缺口。高位並排陽線的圖形如圖 5-38 所示。

　　高位並排陽線的出現，表示股價還會繼續上漲，其缺口往往會成為今後一段時期內股價運行的支撐區域，即當股價下跌至該區域時，一般能夠得到較強的支撐。

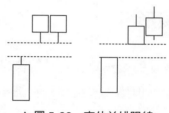

▲ 圖 5-38　高位並排陽線

5-5-3　蛟龍出海

　　蛟龍出海型態像一條久臥海中的長龍，一下子衝天而起，其特徵是：拉出大陽線，一下子把短期、中期和長期幾根均線全部吞吃，有種過五關、斬六將的氣勢。蛟龍出海的圖形如圖 5-39 所示。

　　此為明顯的見底訊號，如果成交量隨之放大，說明主力已吸足籌碼，馬上就要直拉股價。這時投資人可以買進，但要警惕主力誘多，最好在拉出大陽線後多觀察幾日，如果重心上移可再加碼追進。

　　圖 5-39 中的直線「———」表示短期移動平均線（如 5 日均線）；虛線「-----------」表示中期移動平均線（如 10 日均線）；點劃線「-·-·-·-·-·」表示長期移動平均線（如 30 日均線）。

▲ 圖 5-39　蛟龍出海

專家提醒

標準的蛟龍出海很少見，但變形的蛟龍出海卻不少，投資人要學會辨別。

5-5-4　跳空上揚形實戰案例

如果股價處於明顯的上升行情，並且上漲幅度不大，這時出現跳空上揚形看漲訊號，表示上漲動力仍在，投資人可以繼續買進，並採取持籌待漲的策略。

如圖 5-40 所示的是遼寧成大（600739）2020 年 5 月 15 日至 7 月 13日的日 K 線圖。其股價經過一波下跌回檔之後，創出 16.06 元低點，之後價格開始上漲，先是站上 5 日和 10 日均線，然後跳空開高向上攻擊30 日均線，即在 A 處出現跳空上揚形看漲訊號。如果這時投資人還有該股的籌碼，可以繼續持有；如果沒有，可以關注其後的買進機會。

隨後股價站上所有均線，然後在 B 處，出現下探上漲形看漲訊號，所以籌碼可以繼續持有，倉位輕者可以繼續加倉買進。從其後走勢來看，股價沿著均線出現一波明顯的上漲行情，短時間內就會有豐厚的獲利。如果股價在高位，出現跳空上揚形看漲訊號，投資人要小心，很可能是主力在誘多。

如圖 5-41 所示的是深南電A（000037）2020 年 6 月 5 日至 9 月 10

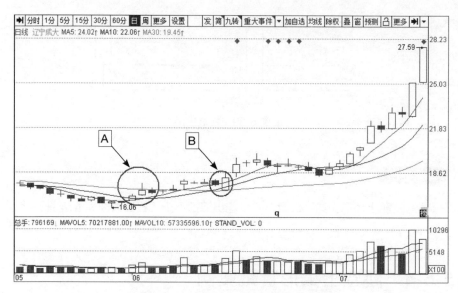

▲ 圖 5-40　遼寧成大（600739）日 K 線

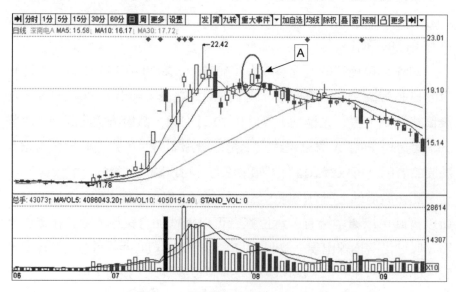

▲ 圖 5-41　深南電 A（000037）日 K 線

日的日 K 線圖。其股價窄幅震盪之後開始快速上漲，最高上漲到 22.42
元，然後在高位震盪，震盪時出現跳空上揚形看漲訊號，即 A 處。

　　需要注意的是，此處股價已上漲較大幅度，這時出現跳空上揚
形，很可能是誘多。如果想在這裡買入股票一定要輕倉，一旦有不利的
訊號就要及時賣出。從其後走勢可以看出，高位震盪之後股價就開始震
盪下跌，開始新的一波下跌行情，如果不及時賣出，就會損失慘重。

5-5-5　高位並排陽線實戰案例

　　股價經過長時間大幅下跌後，探明底部區域開始震盪上升，出現
高位並排陽線看漲訊號，預示後市還會上漲，這時可以順勢加倉。

　　如圖 5-42 所示的是深圳機場（000089）2020 年 12 月 17 日至 2021
年 3 月 16 日的日 K 線圖。其股價經過較長時間、較大幅度下跌後創出
7.30 元低點。隨後股價開始震盪上漲，先是站上 5 日均線，然後站上 10
日均線，最後跳空站上 30 日均線，即在 A 處出現高位並排陽線。

　　這是探明底部後的高位並排陽線，是明顯的看漲訊號，投資人如
果手中還有籌碼，可以繼續持有；沒有籌碼的投資人，可以關注該股
票。只要缺口不回補或 30 日均線不跌破，就可以關注買入機會。如果
股價在高位，出現高位並排陽線看漲訊號，投資人要小心，很可能是主
力在誘多。

　　如圖 5-43 所示的是興業礦業（000426）2020 年 4 月 24 日至 9 月 29
日的日 K 線圖。其股價經過一波下跌創出 4.93 元低點，然後股價開始震
盪上漲，先是站上 5 和 10 日均線，然後站上 30 日均線，股價處於多
頭行情之中。

　　股價繼續沿著均線上漲，在 A 處出現上漲兩顆星看漲訊號，多單可
以繼續持有，沒有多單的投資人可以繼續加倉做多。股價繼續上漲，當

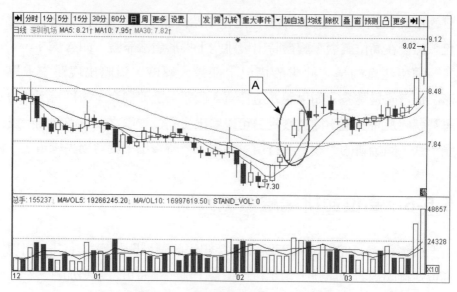

▲ 圖 5-42　深圳機場（000089）日 K 線

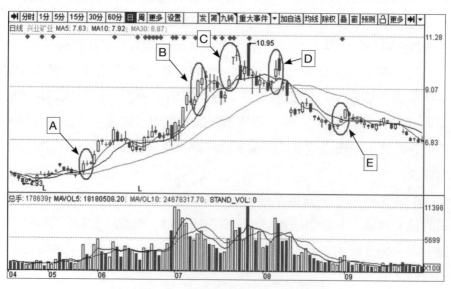

▲ 圖 5-43　興業礦業（000426）日 K 線

上漲到高位，在 B 和 C 處連續出現高位並排陽線。要注意股價已上漲幅度較大，獲利籌碼很多，都有賣出的衝動，這時再做多一定要小心。

隨後股價在高位震盪，在 D 處出現跳空上揚形看漲訊號，這時做多更要小心，很容易被套在高位。當股價跌破 30 日均線，均線處於空頭行情，這時反彈出現高位並排陽線看漲訊號，即 E 處。在明顯的下跌行情中有看漲訊號，也不能做多，因為投資人不能與趨勢做敵人。

5-5-6　蛟龍出海實戰案例

如 5-44 所示的是四環生物（000518）2020 年 5 月 25 日至 8 月 4 日的日 K 線圖。其股價經過一波下跌之後，創出 3.81 元低點，在低位窄幅震盪之後，在 A 處，一根開低大陽線同時站上 5 日、10 日和 30 日均線，即出現蛟龍出海看漲訊號。這是低位買入訊號，如果手中還有該股

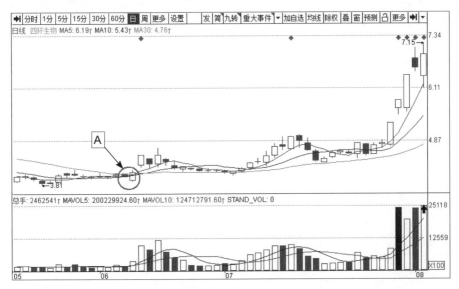

▲ 圖 5-44　四環生物（000518）日 K 線

票籌碼的投資人,可以繼續持有;如果沒有,可以加倉做多。

從其後走勢可以看出,股價震盪上漲雖有回檔,但始終在 30 日均線上方,籌碼可以繼續持有,並且可以在 30 日均線繼續加倉做多。

如圖 5-45 所示的是柳工(000528)2020 年 1 月 3 日至 2021 年 4 月 16 日的週 K 線圖。圖中可以看到,連續出現蛟龍出海看漲訊號,即 A 和 B 處,都是不錯的看漲做多機會。

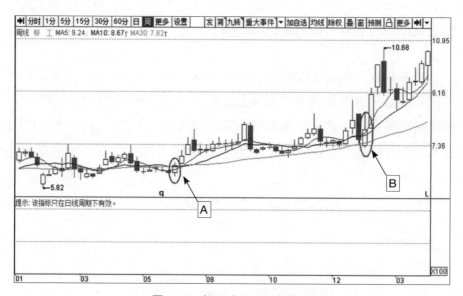

▲ 圖 5-45　柳工（000528）週 K 線

Chapter 6

牢記這 5 組看跌訊號及時出場，不怕被割韭菜

6-1

【實戰技巧 6】
看到這個 K 線組合，
唯一的選擇是停損離場……

6-1-1　黑三兵

　　黑三兵的特徵是：連續出現三根小陰線，其中最低價一根比一根低。因為這三根小陰線像三位穿著黑衣的列隊衛兵，故名為「黑三兵」。黑三兵的圖形如圖 6-1 所示。

　　黑三兵如果在上升行情中，尤其是股價有較大升幅之後出現，暗示行情快要轉為跌勢；如果在下跌行情後期出現，尤其是股價已有一段較大的跌幅或連續急跌後出現，暗示空頭行情短期內即將結束，並可能轉為一輪升勢。

　　所以投資人見到該 K 線組合，可根據其所在位置決定投資策略，即在上升行情中出現，要適量做空；在下跌行情中出現，要適量做多。

▲ 圖 6-1　黑三兵

6-1-2　兩黑夾一紅

兩黑夾一紅的特徵是：左右兩邊是陰線，中間是陽線，兩根陰線的實體一般要比陽線實體長。兩黑夾一紅的圖形如圖 6-2 所示。

在下跌行情中，尤其是在下跌的初期階段，出現兩黑夾一紅 K 線組合，表示股價經過短暫整理後，還會繼續下跌。在上漲行情中，出現兩黑夾一紅 K 線組合，表示股價升勢已盡，很有可能見頂回落。投資人無論是在升勢或跌勢中見此 K 線組合，都要提高警覺，做好減倉或清倉離場的準備。

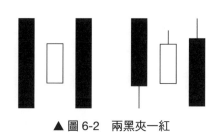

▲ 圖 6-2　兩黑夾一紅

6-1-3　高位出逃形

高位出逃形的特徵是：在跌勢中股票某天突然大幅開高，有的以漲停板開盤，但當天就被空方一路打壓，收出一根大陰線，有的可能以跌停板收盤。高位出逃形的圖形如圖 6-3 所示。

高位出逃形多數是被套主力利用模糊消息拉高出貨所致，一般情況下，在這根大陰線之後，股價將有一段較大的跌勢。投資人看到該 K 線組合，唯一的選擇就是快速停損離場。

163

▲ 圖 6-3　高位出逃形

6-1-4　黑三兵實戰分析

股價經過長時間大幅上漲之後，出現見頂訊號，此時一定要減倉，如果再出現黑三兵看跌訊號，一定要及時清倉出局觀望。

如圖 6-4 所示的是愛柯迪（600933）2021 年 2 月 9 日至 5 月 14 日的日 K 線圖。其股價經過一波上漲後，創出 19.12 元高點，但在創出高點這天，股價收了根帶有上長影線的中陽線，這表示上方已有壓力。隨後股價沒有繼續上漲，而是開低走低，收了一根中陰線，即在 A 處，出現傾盆大雨見頂訊號。

隨後價格繼續下跌，連續下跌 4 天後，股價在 30 日均線上方止跌，然後再度上漲。但僅上漲 5 天，又在 B 處出現黃昏十字星見頂訊號，接著股價開始下跌，並且跌破 30 日均線。

跌破 30 日均線後股價仍在震盪，但在 C 處出現黑三兵看跌 K 線組合，且跌破 30 日均線。這意味行情可能要走空頭趨勢了，投資人如果

手中還有該股票籌碼，最好及時賣出。

股價連續下跌之後再次反彈，注意這一次反彈較弱，始終在 30 日均線下方。反彈結束時，在 D 處出現黑三兵看跌訊號，這是最後一次賣出機會，否則後面會越套越深。

股價在明顯的下降趨勢中，如果出現較大幅度反彈，在反彈後期出現黑三兵看跌訊號，要及時出局觀望。

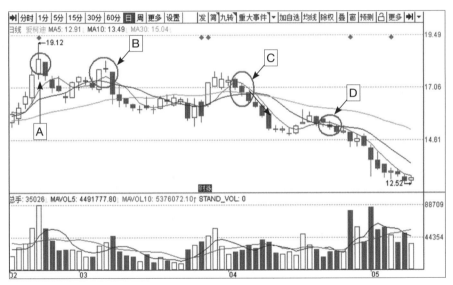

▲ 圖 6-4　愛柯迪（600933）日 K 線

如圖 6-5 所示的是南寧百貨（600712）2020 年 7 月 29 日至 2021 年 1 月 13 日的日 K 線圖。其股價經過一波上漲，創出 8.28 元高點，然後股價在高位略震盪就開始下跌。先是跌破 5 日均線，然後跌破 10 日均線，最後跌破 30 日均線，均線呈空頭排列，股價進入下跌趨勢。

在明顯的下跌行情中，如果股價出現反彈，反彈結束出現黑三兵看跌訊號，投資人手中還有該股票籌碼要及時賣出，否則會越套越深，

如A、B、C和D處。經過長時間大幅下跌之後，探明底部區域然後震盪上升，這時出現黑三兵看跌訊號，短線投資人可以減倉，然後逢低再補倉；中線投資人則可以持倉不動。

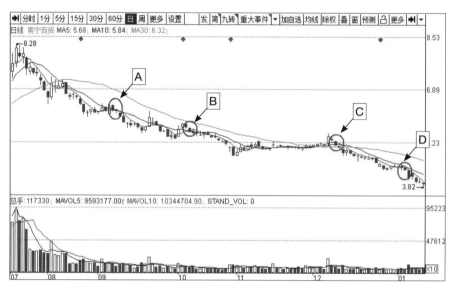

▲ 圖 6-5　南寧百貨（600712）日 K 線

　　如圖 6-6 所示的是文投控股（600712）2021 年 2 月 2 日至 5 月 12 日的日 K 線圖。其股價經過長時間、大幅度下跌之後，創出 1.96 元低點，然後股價在低位區域窄幅震盪盤整。經過 2 個月時間的盤整後，一根大陽線向上突破，開始新一波上漲行情。需要注意的是，該大陽線同時站上 5 日、10 日和 30 日均線，即蛟龍出海看漲訊號。

　　隨後股價繼續快速上漲，然後在 A 處出現黑三兵看跌訊號。由於股價剛剛上漲，上漲幅度不大，這裡很可能是主力的一次洗盤，所以中線多單投資人可以繼續持有；如果是短線高手，可減倉或清倉應對風險，等股價回檔到30日均線附近得到支撐後，再重新買入該股票。

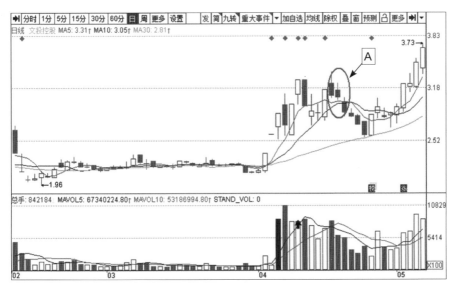

▲ 圖 6-6　文投控股（600712）日 K 線

　　從其後走勢可以看出，股價回檔到 30 日均線附近，再度止跌並開始上漲，所以無論短線走勢或中線走勢，都會有不錯的獲利。

6-1-5　兩黑夾一紅實戰分析

　　股價經過長時間的大幅上漲之後，出現見頂訊號一定要減倉。但如果再出現兩黑夾一紅看跌訊號，一定要及時清倉出局觀望。

　　如圖 6-7 所示的是上海機場（600009）2019 年 6 月 6 日至 10 月 29 日的日 K 線圖。其股價經過長時間、大幅度上漲之後，開始在高位震盪。在高位震盪過程中，雖然創出 88.90 元高點，但在創出高點這一天，股價立即收一根射擊之星見頂訊號，所以投資人要注意減倉。

　　隨後股價繼續在 30 日均線上方震盪，但這時出現兩黑夾一紅看跌訊號，即 A 處，表示股價可能要下跌，投資人可以進一步減倉。隨後股

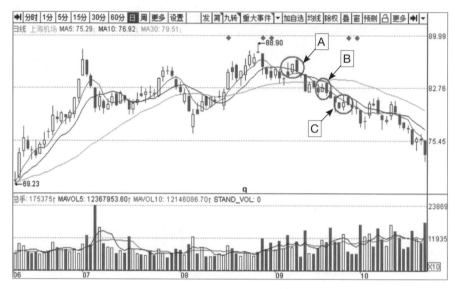

▲ 圖 6-7　上海機場（600009）日 K 線

價跌破 30 日均線，反彈沒有站上 30 日均線，股價又出現兩黑夾一紅看
跌訊號，即 B 處，這裡仍是減倉或清倉的較好位置。

　　隨後股價開始沿著均線下跌，然後在 C 處出現兩黑夾一紅看跌訊
號。看跌訊號反覆出現，且均線已呈空頭排列，投資人如果手中還有該
股票籌碼，還是賣出為佳。股價在明顯的下降趨勢中，如果出現較大幅
度反彈，在反彈後期出現了兩黑夾一紅看跌訊號，要及時出局觀望。

　　如圖 6-8 所示的是海正藥業（600267）2020 年 7 月 31 日至 2021 年
3 月 30 日的日 K 線圖。其股價經過一波上漲，創出 21.97 元高點，然後
股價開始震盪下跌，先是跌破 5 日均線、10 日均線，然後跌破 30 日均
線。跌破所有均線後又開始反彈，反彈到 30 日均線附近出現兩黑夾一
紅 K 線組合，即 A 處。兩黑夾一紅是看跌訊號，投資人如果手中還有該
股票籌碼，就要及時果斷地賣出。

　　股價經過三波下跌之後，開始震盪反彈。經過近 3 個月時間的震盪

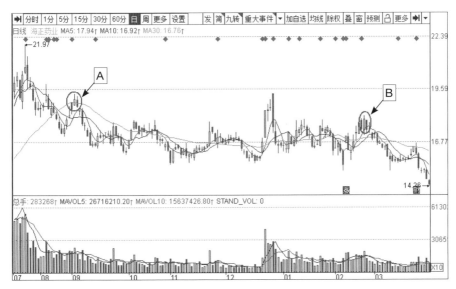

▲ 圖 6-8　海正藥業（600267）日 K 線

之後，在 B 處出現兩黑夾一紅 K 線組合，所以 B 處也是賣出股票的較好位置。

　　如圖 6-9 所示的是雲天化（600096）2020 年 9 月 11 日至 2021 年 2 月 24 日的日 K 線圖。其股價經過較長時間、較大幅度下跌之後，創出 4.89 元低點，然後股價開始震盪上漲。先是站上 5 日均線，然後站上 10 日和 30 日均線，均線呈多頭排列，即行情進入上漲趨勢。

　　在上漲行情初期，股價上漲幅度不大，出現兩黑夾一紅看跌訊號，即 A 和 B 處，短線高手可以減倉以控制風險，然後等股價回檔到 30 日均線再重新買入股票。投資人如果倉位不重，或對該股票後期走勢不失信心，則可以中線持有不動。

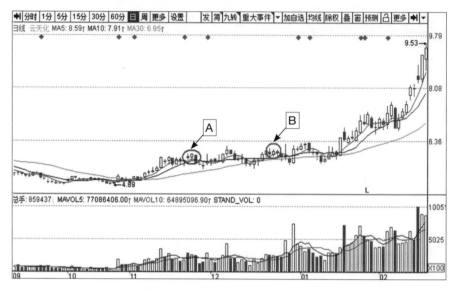

▲ 圖 6-9　雲天化（600096）日 K 線

6-1-6　高位出逃形實戰分析

　　如圖 6-10 所示的是申達股份（600626）2020 年 7 月 8 日至 2021 年 2 月 4 日的日 K 線圖。其股價經過一波反彈，創出 6.08 元高點，然後開始下跌。經過較長時間下跌後股價出現反彈，股價連續兩個漲停之後，第三天出現高位出逃形，即 A 處，這是主力利用利好消息來拉高出貨。

　　一般投資人一看股價開高，認為有什麼利多消息，於是進場搶籌，從而被套在高位，所以在這裡看到高位出逃形一定要及時出局。

　　如圖 6-11 所示的是廈門國貿（600755）2020 年 11 月 16 日至 2021 年 1 月 29 日的日 K 線圖。其股價經過一波上漲，創出 7.69 元高點，然後開始震盪下跌。其股價經過一波上漲，創出 7.69 元高點，然後開始震盪下跌。在 2020 年 12 月 3 日，股價開高走低，出現一個高位出逃形，即 A 處，這是主力利用利好消息來拉高出貨。

▲ 圖 6-10　申達股份（600626）日 K 線

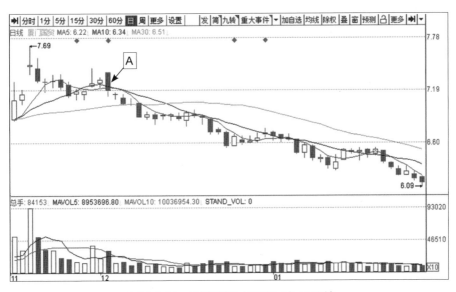

▲ 圖 6-11　廈門國貿（600755）日 K 線

6-2

【實戰技巧7】
這2種K線出現，
表示股價即將下跌

6-2-1 綿綿陰跌形

綿綿陰跌形常常在盤整後期出現，由若干根小K線組成，一般不少於八根，其中小陰線居多，中間也可夾著一些小陽線、十字線，但這些K線排列呈略微向下傾斜狀。綿綿陰跌形的圖形如圖6-12所示。

綿綿陰跌雖跌幅不大，但猶如黃梅天的陰雨下個不停，從而延長下跌的時間和拓展下跌的空間，股價很可能長期走弱。股市中有一句俗語：「急跌不怕，最怕陰跌。」有經驗的投資人知道，股價急跌後恢復也很快；但陰跌就不同，往往下跌無期，對多方殺傷相當大。投資人見此K線組合，應及早做出停損離場的決斷。

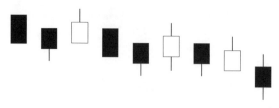

▲ 圖6-12 綿綿陰跌形

6-2-2　徐緩下跌形

徐緩下跌形的特徵是：在下跌行情的初期，連續出現幾根小陰線，隨後出現一根或兩根中陰線或大陰線。徐緩下跌形的圖形如圖 6-13 所示。

徐緩下跌形是一個明顯的賣出訊號，因為該 K 線組合中最後的大陰線，表示空方力量正在逐步壯大，後市雖有波折，但總趨勢向下的格局已初步奠定。投資人見此 K 線組合，應該以做空為主或持幣觀望。

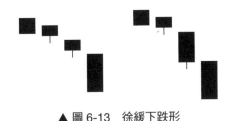

▲ 圖 6-13　徐緩下跌形

6-2-3　綿綿陰跌形實戰分析

如圖 6-14 所示的是雲賽智聯（600602）2020 年 7 月 6 日至 12 月 24 日的日 K 線圖。其股價經過一波上漲，創出 8.22 元的高點，然後開始震盪下跌，最後均線出現明顯的空頭排列。在明顯的空頭行情中，如果出現綿綿陰跌形 K 線組合，投資人最好及時賣出手中的股票，否則會越套越深，最終往往會損失慘重，如 A 和 B 處。

股價經過長時間的大幅下跌之後，探明底部區域，然後開始震盪上升。在上漲初期，若出現綿綿陰跌形看跌訊號不要害怕，短線投資人可以減倉以應對風險，中線投資人耐心持股即可。

如圖 6-15 所示的是福耀玻璃（600660）2020 年 3 月 20 日至 9 月 17

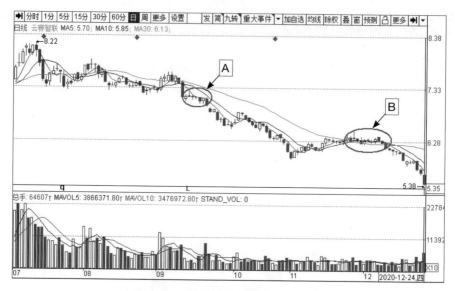

▲ 圖 6-14　雲賽智聯（600602）日 K 線

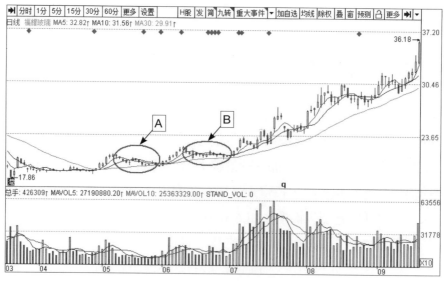

▲ 圖 6-15　福耀玻璃（600660）日 K 線

日的日 K 線圖。其股價經過較長時間、較大幅度下跌之後，創出 17.86 元低點，然後股價在低位區間窄幅震盪。經過近 2 個月的震盪之後，一根中陽線向上突破，站上所有均線，開始多頭行情。

在震盪上漲過程中，A 和 B 處都出現綿綿陰跌形 K 線組合，由於股價剛剛上漲，並且上漲幅度不大，短線高手可以減倉以應對風險，看好其後走勢的投資人可以中線持有。需要注意的是，當股價回檔到 30 日均線附近再度得到支撐時，可重新買入該股票。

6-2-4　徐緩下跌形實戰分析

股價經過長時間的大幅上漲之後，出現徐緩下跌形看跌訊號，表示多方力量已衰竭，空方力量開始聚集反攻。這時投資人要及時清倉出局觀望，否則會把獲得的收益回吐，不及時出局還會被套。

如圖 6-16 所示的是葵花藥業（002737）2020 年 8 月 28 日至 2021 年 2 月 4 日的日 K 線圖。其股價經過連續快速上漲之後，創出 20.78 元高點。但第 2 個交易日就來一根開低走低的中陰線，即在 A 處出現傾盆大雨見頂訊號，投資人要注意減倉以應對風險。

該股隨後價格繼續下跌，在 B 處出現徐緩下跌形看跌訊號，這意味股價還會繼續下跌，手中還有該股票的投資人，要及時賣出。

股價跌破 30 日均線後出現反彈，正好反彈到 30 日均線附近，股價再度下跌，在 C 處又出現徐緩下跌形看跌訊號，有抄底買進的投資人，要注意果斷賣出。同理，D 處再度出現徐緩下跌形看跌訊號，有抄底買進的投資人仍要果斷賣出，否則會越套越深。

股價如果探明底部區域，開始震盪盤升且漲幅不大，這時出現徐緩下跌形看跌訊號。短線投資人可以減倉，然後再逢低把倉位補回來；中線投資人可以持倉不動。

▲ 圖 6-16　葵花藥業（002737）日 K 線

　　如圖 6-17 所示的是中視傳媒（600088）2021 年 2 月 4 日至 5 月 14
日的日 K 線圖。其股價經過較長時間、較大幅度下跌之後，創出 11.04
元的低點。然後開始震盪反彈，但反彈到 30 日均線附近，再度受壓下
行。需要注意的是，股價雖然在 30 日均線下方窄幅震盪，但沒有再創
新低。

　　經過一個月的窄幅震盪之後，一根大陽線向上突破站上所有均
線，這意味股價要開始上漲行情了。經過明顯的兩波上漲之後出現回
檔，在 A 處出現徐緩下跌形看跌訊號。因為這時的上漲幅度不大，看
好其後走勢的中線投資人，可以持倉不動；短線高手則可以減倉，以應
對風險。

　　從其後走勢來看，股價跌破 30 日均線，但正好回檔到前期震盪平
台的低點附近，股價出現一根帶有上影線的倒錘頭線。這是一個見底訊
號，即 B 處，此處是短線高手重新買進股票的好位置。

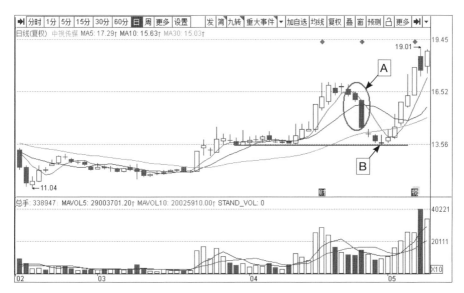

▲ 圖 6-17　中視傳媒（600088）日 K 線

6-3

【實戰技巧 8】
2 種下跌訊號一旦出現，盡早賣出股票

6-3-1　下降抵抗形

　　下降抵抗形的特徵是：股價在下降過程中，連續跳空開低盤並收出眾多陰線，其中夾著少量陽線，但這些陽線收盤價均比前一根 K 線的收盤價要低。下降抵抗形的圖形如圖 6-18 所示。

　　下降抵抗形 K 線組合，反映多方不甘心束手就擒，不時組織力量進行反抗。但終因大勢所趨回天無力，在空方打擊下股價又出現慣性下滑。投資人見此 K 線組合，應以做空為主，持幣冷靜觀望，不要輕易去搶反彈。

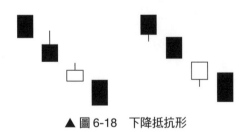

▲ 圖 6-18　下降抵抗形

6-3-2　下跌不止形

下跌不止形的特徵是：在股價下跌過程中，眾多陰線中夾著較少的小陽線，股價一路下滑。下跌不止形的圖形如圖 6-19 所示。

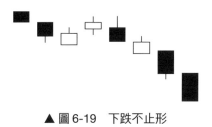

▲ 圖 6-19　下跌不止形

下跌不止形的出現，表示股價仍會繼續下跌。投資人見此 K 線組合後，要認清方向賣出股票，越早賣出，損失越少。

下跌不止形和綿綿陰跌形、徐緩下跌形、下降抵抗形的區別是：下跌不止形成於下跌過程中，雖然出現少量上漲的 K 線，但仍然止不住下跌的趨勢，這表示盤中空頭的力量佔了上風；綿綿陰跌形出現在股價經過一段盤整的後期，反映盤中空方力量在悄悄地積累；徐緩下跌形是先出現小陰線下跌，然後拉出中、大陰線，反映盤中空頭勢力日益強大；下降抵抗形是連續開低，說明盤中空頭力量十分強大。

從推動股價下滑的短期作用來說，力量最強的首先是下降抵抗形，其次是徐緩下跌形，再次是下跌不止形，最後是綿綿陰跌形。但這只對短線操作者有參考價值，對中長線操作者而言，綿綿陰跌形的走勢最讓人擔心。

6-3-3　下降抵抗形實戰分析

　　股價經過長時間的大幅上漲之後，出現見頂訊號一定要減倉，但如果再出現下降抵抗形看跌訊號，一定要及時清倉出局觀望。

　　如圖 6-20 所示的是愛爾眼科（300015）2020 年 12 月 16 日至 2021 年 3 月 9 日的日 K 線圖。其股價經過較長時間、較大幅度上漲之後，創出 92.69 元高點。但創出高點這天，股價收了一根開高低走的中陰線，與前 1 個交易日的中陽線組成烏雲蓋頂見頂訊號，即 A 處。

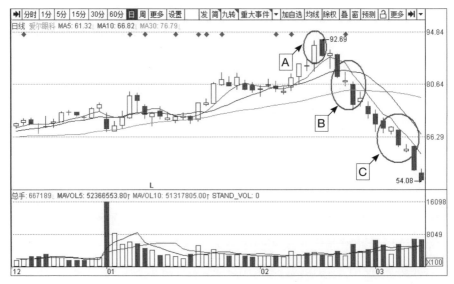

▲ 圖 6-20　愛爾眼科（300015）日 K 線

　　出現見頂訊號後股價繼續下跌，先是跌破 5 日均線、再跌破 10 日均線，最後跌破 30 日均線，即在 B 處出現下降抵抗形看跌訊號，手中還有籌碼的投資人，要及時賣出。同理，在 C 處也出現下降抵抗形看跌訊號，所以後市應繼續看空。

　　股價在明顯的下降趨勢中，如果出現較大幅度反彈，在反彈後期出現下降抵抗形看跌訊號，要及時出局觀望。

　　如圖 6-21 所示的是西藏藥業（600211）2020 年 7 月 30 日至 2021 年 3 月 9 日的日 K 線圖。其股價經過長時間、大幅度上漲之後，創出 182.07 元高點。但創出高點這天是開高走低的巨陰線。隨後股價開始下跌，在 A 處出現下降抵抗形看跌訊號，投資人手中如果有該股的籌碼，要及時果斷賣出。

　　股價經過連續下跌之後出現反彈，在反彈的末端出現下降抵抗形看跌訊號，即 B 處，所以 B 處也是賣出股票的好位置。

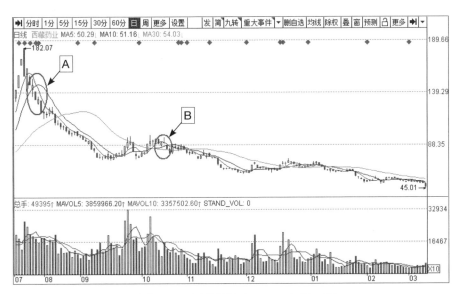

▲ 圖 6-21　西藏藥業（600211）日 K 線

　　股價如果探明底部區域，開始震盪盤升且漲幅不大，這時出現下降抵抗形看跌訊號，短線投資人可以減倉，然後再逢低把倉位補回來；中線投資人則可以持倉不動。

如圖6-22所示的是浙江廣廈（600052）2021年1月20日至4月20日的日K線圖。其股價經過長時間、大幅度下跌之後，創出2.34元低點，然後開始震盪上漲。先是站上5日均線，然後站上10日均線，最後站上30日均線。均線呈多頭排列，即股價進入多頭行情之中。

股價在30日均線上方開始震盪盤整，然後在A處出現下降抵抗形看跌訊號，但由於當前是低位區域，所以出現看跌訊號也不用太擔心。看好該股走勢的中線投資人，可以耐心持有該股，短線高手則可能減倉以應對風險。

從其後走勢可以看到主力比較狡猾，跌破了30日均線，但仍在前期支撐平台低點附近，即B處。隨後一根中陽線向上突破，站上所有均線，所以中線投資人往往能得到較大的獲利。

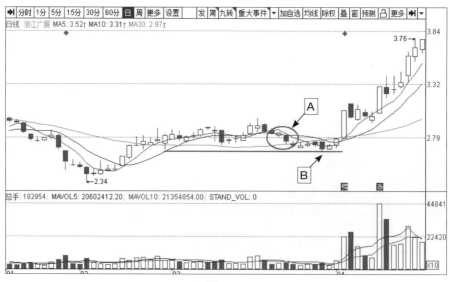

▲ 圖6-22　浙江廣廈（600052）日K線

6-3-4　下跌不止形實戰分析

股價經過長時間的大幅上漲之後，出現見頂訊號一定要減倉，但如果再出現下跌不止形看跌訊號，一定要及時清倉出局觀望。

如圖 6-23 所示的是三一重工（600031）2020 年 12 月 22 日至 2021 年 5 月 13 日的日 K 線圖。其股價經過長時間、大幅度的上漲之後，創出 50.30 元高點。

需要注意的是，雖然這一天股價突破了前期高點，但最終收盤卻沒有突破，並且收一根大陰線，這表示是假突破。即突破是誘多，下跌才是真，所以後市下跌機率很大，投資人要及時減倉或清倉。另外，在 A 處還是一個烏雲蓋頂見頂訊號，聰明的投資人往往會在見到該訊號時，就果斷賣出手中的籌碼來停利。

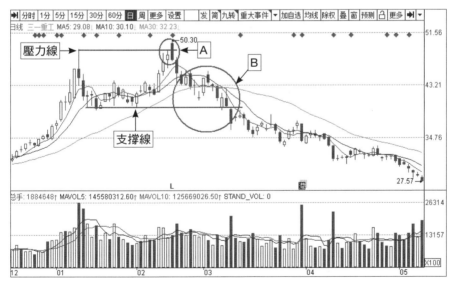

▲ 圖 6-23　三一重工（600031）日 K 線

　　股價見頂後就開始下跌，連續跌破5日和10日均線，在30日均線附近出現震盪下跌，最終跌破30日均線。即在B處出現下跌不止形看跌訊號，並且跌破下方支撐，如果投資人這裡還有股票籌碼，要果斷賣出。股價在明顯的下降趨勢中，如果出現較大幅度反彈，在反彈後期出現下跌不止形看跌訊號，要及時出局觀望。

　　如圖6-24所示的是羚銳製藥（600285）2020年7月30日至2021年1月28日的日K線圖。其股價經過一波反彈上漲，創出12.53元高點，然後開始下跌，下跌到30日均線附近再度震盪。在30日均線附近震盪後，再度跌破30日均線，均線呈空頭排列，行情進入下跌趨勢。

▲ 圖6-24　羚銳製藥（600285）日K線

　　在明顯的下跌行情中，如果反彈出現下跌不止形看跌訊號，手中還有該股票籌碼的投資人，一定要及時賣出，即A和B處是抄底多單賣出的好位置。股價經過長時間的大幅下跌之後，探明底部區域然後震

盪上升，這時出現下跌不止形看跌訊號。短線投資人可以減倉，然後逢低再補倉；中線投資人則可以持倉不動。

如圖 6-25 所示的是寧滬高速（600377）2021 年 1 月 18 日至 5 月 11 日的日 K 線圖。其股價經過長時間、大幅度下跌之後，創出 8.60 元低點，然後開始震盪上漲。先是站上 5 日和 10 日均線，然後一根大陽線站上 30 日均線，均線呈多頭排列，即股價進入上漲趨勢。

股價站上 30 日均線後出現下跌不止形，即 A 處。雖然下跌不止形是看跌訊號，但股價剛開始上漲且始終沒有跌破 30 日均線。所以中線投資人可以耐心持有；短線高手可以減倉，等股價回檔到 30 日均線附近得到支撐時，再重新買進該股票。

B 處股價也出現下跌不止形，且最後跌破 30 日均線。要注意這是一個假突破，因為第 2 個交易日，就出現一根中陽線重新站上所有均線。因此跌破 30 日是誘空，後面的中陽線上漲是真，可以繼續做多。

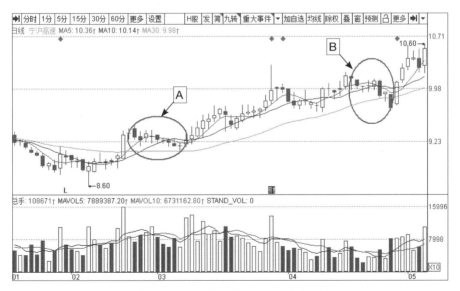

▲ 圖 6-25　寧滬高速（600377）日 K 線

6-4

【實戰技巧 9】
遇到這 2 種組合，
及時做空才能減少損失

6-4-1　空方尖兵

空方尖兵的特徵是：股價在下跌過程中遇到多方反抗，出現一根下影線，股價隨之反彈，但空方很快又發動一次攻勢，股價穿越了前面的下影線。空方尖兵的圖形如圖 6-26 所示。

空方尖兵的技術含義是：空方在殺跌前曾做過一次試探性進攻，在 K 線上留下一根較長的下影線，有人把它視作深入多方陣地的尖兵，這就是空方尖兵名稱的由來。空方尖兵出現表示股價還會下跌，投資人見到該 K 線組合要及時做空，以減少股價繼續下行帶來的風險。

▲ 圖 6-26　空方尖兵

6-4-2　下降三部曲

下降三部曲，又稱降勢三鶴，其特徵是：股價在下跌時出現了一根實體較長的陰線，隨後連續拉出三根向上攀升的實體較為短小的陽線，但最後一根陽線的收盤價仍比前一根大陰線的開盤價要低，之後又出現了一根長陰線，把前面三根小陽線全部或大部分都吞吃了。下降三部曲的圖形如圖 6-27 所示。

下降三部曲的出現，表示多方雖然想反抗，但最終在空方的打擊下顯得不堪一擊，暗示著股價還會進一步向下滑落。投資人見此 K 線組合要順勢而為，快速減少手中的倉位或清倉離場。

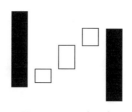

▲ 圖 6-27　下降三部曲

6-4-3　空方尖兵實戰分析

股價經過長時間的大幅上漲之後，出現見頂訊號一定要減倉，但如果再出現空方尖兵看跌訊號，一定要及時清倉出局觀望。

如圖 6-28 所示的是理工環科（002322）2019 年 2 月 29 日至 6 月 17 日的日 K 線圖。其股價經過長時間、大幅度上漲之後，創出 18.88 元高點，但第 2 個交易日沒有繼續上漲，而是開低走低。即在 A 處出現傾盆大雨見頂訊號，投資人見到該訊號要及時減倉或清倉，以應對風險。

隨後股價繼續震盪下跌，並出現空方尖兵看跌訊號，即 B 處。這

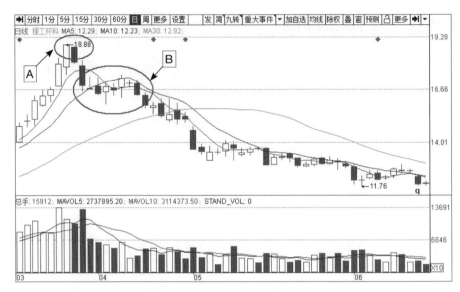

▲ 圖 6-28　理工環科（002322）日 K 線

也是賣出股票的不錯機會，否則隨著股價不斷下跌，會造成獲利大幅回吐，甚至由獲利變成虧損。股價在明顯的下降趨勢中，出現空方尖兵看跌訊號，要及時出局觀望。

圖 6-29 所示的是紅日藥業（300026）2020 年 10 月 9 日至 2021 年 2 月 5 日的日 K 線圖。其股價經過一波反彈，創出 6.26 元高點，然後開始震盪下跌，先是跌破 5 日和 10 日均線，然後跌破 30 日均線，均線呈空頭排列，即股價進入震盪下跌行情。

震盪下跌行情中，如果出現空方尖兵看跌訊號，即 A 處，此時手裡還有籌碼的投資人，要果斷及時賣出。股價經過長時間的大幅下跌之後，探明底部區域然後震盪上升，這時出現空方尖兵看跌訊號。短線投資人可以減倉，然後逢低再補倉；中線投資人則可以持倉不動。

如圖 6-30 所示的是宏昌電子（603002）2021 年 1 月 6 日至 4 月 12 日的日 K 線圖。其股價經過較長時間、較大幅度下跌之後，創出 4.43

▲ 圖 6-29　紅日藥業（300026）日 K 線

▲ 圖 6-30　宏昌電子（603002）日 K 線

元低點，然後股價開始震盪反彈。經過幾波反彈後最終站上 30 日均線，均線呈多頭排列，股價進入上升趨勢。

在上漲趨勢中，特別是上漲初期，股價回檔出現空方尖兵看跌訊號，即 A 處，短線高手可以減倉以應對風險；看好該股後期走勢的中線投資人，則可以耐心持有。

6-4-4　下降三部曲實戰分析

股價經過長時間的大幅上漲後，出現下降三部曲看跌訊號，表示多方力量已衰竭，空方力量開始聚集反攻。這時投資人要及時清倉出局觀望，否則會把獲得的收益回吐，若不及時出局還會被套。

如圖 6-31 所示的是凱利泰（300326）2020 年 4 月 2 日至 11 月 25 日的日 K 線圖。其股價經過長時間、大幅度上漲後，創出 31.38 元高點，但在收出最高點的這天收一根螺旋線。然後股價開始震盪下跌，在 A 處出現下降三部曲，這是明顯的看跌訊號。

手中有該股票籌碼的投資人一定要及時賣出，否則會越套越深。股價在明顯的下跌趨勢中，特別是在下跌初期或下跌途中，出現下降三部曲 K 線組合時，投資人要及時清倉離場。

如圖 6-32 所示的是華勝天成（600410）2020 年 6 月 29 日至 11 月 2 日的日 K 線圖。其股價經過一波上漲，創出 16.96 元高點，然後股價開始下跌。先是跌破 5 日均線，然後跌破 10 日均線，最後跌破 30 日均線。隨後股價雖有反彈，但很快又跌破所有均線，均線呈空頭排列，即股價處於下跌趨勢。

下跌行情初期，如果出現下降三部曲看跌訊號，即 A 和 B 處，投資人宜賣出手中的股票籌碼。如果股價已經過大幅下跌且探明底部，然後開始震盪上升，並在上漲初期或上漲途中出現下降三部曲 K 線組合，投

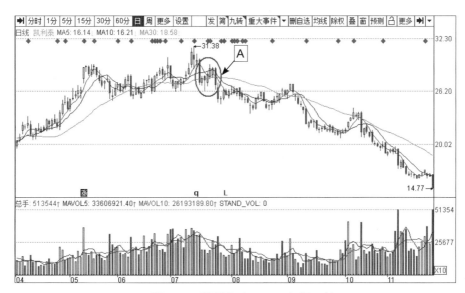

▲ 圖 6-31　凱利泰（300326）日 K 線

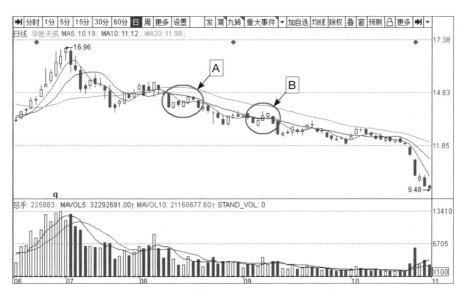

▲ 圖 6-32　華勝天成（600410）日 K 線

資人不必恐慌，很可能是主力在誘空。

如圖 6-33 所示的是諾德股份（600110）2020 年 5 月 21 日至 11 月 6 日的日 K 線圖。其股價經過長時間、大幅度下跌之後，創出 4.16 元低點，然後開始震盪上漲。先是站上 5 日均線，接著站上 10 日均線，然後站上 30 日均線，最後站上 60 日均線，均線呈多頭排列，即股價進入上漲趨勢。

經過近一個月時間的上漲之後出現回檔，如果回檔出現下降三部曲看跌訊號，短線高手可以減倉以應對風險；看好該股票後期走勢的中線投資人則可以耐心持有，即 A 和 B 處。從其後走勢可以看出，股價都回檔到 60 日均線附近，股價得到支撐，短線高手可以在 60 日均線附近，重新買入該股票。

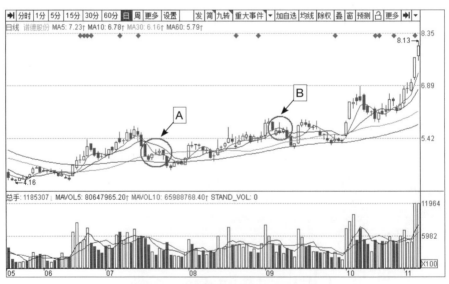

▲ 圖 6-33　諾德股份（600110）日 K 線

6-5

【實戰技巧 10】
2 種明顯看跌訊號，
看到快離場！

6-5-1　下跌三顆星

　　下跌三顆星在下跌行情的初期或中期出現，由一大三小共四根 K 線組成。在下跌時，先出現一根中陰線或大陰線，隨後就在這根陰線下方出現三根小 K 線，這些小 K 線可以是小陽線，也可以是小陰線。下跌三顆星的圖形如圖 6-34 所示。

　　下跌三顆星的出現，表示行情回升乏力，股價仍有繼續下探的空間。投資人見到該 K 線組合，要做好離場準備。

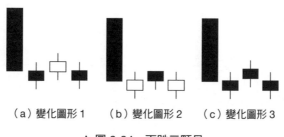

（a）變化圖形 1　　（b）變化圖形 2　　（c）變化圖形 3

▲ 圖 6-34　下跌三顆星

6-5-2　斷頭鍘刀

斷頭鍘刀出現在股價上漲後期或高位盤整期，一根大陰線如一把刀，一下子把短期、中期和長期均線切斷，收盤價已收到所有均線下方。斷頭鍘刀的圖形如圖 6-35 所示。

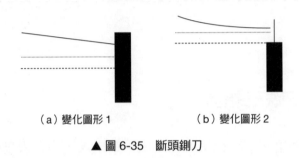

（a）變化圖形 1　　　　　（b）變化圖形 2

▲ 圖 6-35　斷頭鍘刀

斷頭鍘刀是一個明顯的看跌訊號，一般都會引起一輪大的跌勢，對多方造成很大傷害。所以短線投資人見此訊號應拋空離場；中長線投資人應密切關注 60 日均線和 120 日均線，如果這兩個均線也走破，就立即停損離場。上圖中的直線「————」表示短期移動平均線；虛線「--------」表示中期移動平均線；點劃線「————」表示長期移動平均線。

專家提醒

標準的斷頭鍘刀是很少見的，變形的斷頭鍘刀卻不少，投資人要學會認真辨別。

6-5-3　下跌三顆星實戰分析

　　股價經過長時間的大幅上漲之後，出現見頂訊號一定要減倉，但如果再出現下跌三顆星看跌訊號，一定要及時清倉出局觀望。

　　如圖 6-36 所示的是新世界（600628）2020 年 7 月 9 日至 11 月 2 日的日 K 線圖。其股價經過長時間、大幅度上漲之後，創出 15.95 元高點。但要注意的是，創出高點這天，股價收盤收了一根長十字線，這是一個轉勢的 K 線，股價很可能見頂，投資人要減倉或清倉。

　　隨後股價開始繼續中陰線殺跌，然後出現三根小 K 線，即在 A 處出現下跌三顆星看跌訊號。A 處投資人還有該股票的籌碼，最好及時賣出。接著股價繼續下跌，回檔到 30 日均線附近，股價開始震盪，震盪後股價再度跌破所有均線，開始空頭行情。

　　B 處出現的下跌三顆星看跌訊號，表示股價仍會繼續下跌，手中還

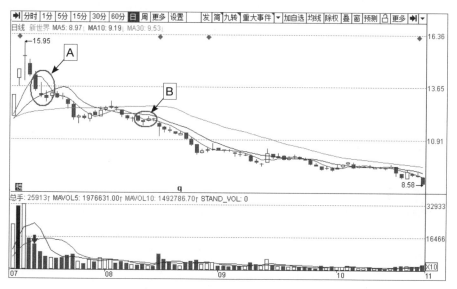

▲ 圖 6-36　新世界（600628）日 K 線

有該股票籌碼的投資人，要果斷賣出。股價在明顯的下降趨勢中，如果出現較大幅度的反彈，並在反彈後期出現下跌三顆星看跌訊號，投資人就要及時出局觀望。

如圖 6-37 所示的是國金證券（600109）2020 年 12 月 1 日至 2021 年 2 月 8 日的日 K 線圖。其股價經過一波上漲，創出 19.46 元高點，然後開始下跌。先是跌破 5 日和 10 日均線，然後跌破 30 日均線。經過十幾個交易日的下跌後股價開始反彈，反彈到 30 日均線，在 A 處出現下跌三顆星看跌訊號，所以 A 處也是賣出股票的較好位置。

如果股價已經過大幅下跌且探明底部，然後開始震盪上升，並在上漲初期或上漲途中出現下跌三顆星 K 線組合，投資人不必恐慌，很可能是主力在誘空。

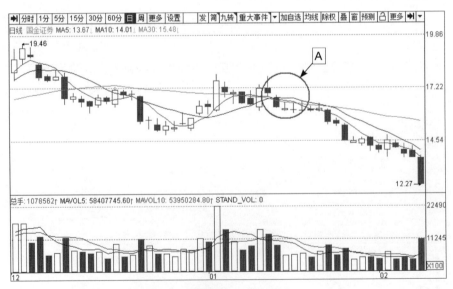

▲ 圖 6-37　國金證券（600109）日 K 線

　　如圖 6-38 所示的是新奧股份（600803）2020 年 3 月 16 日至 7 月 23 日的日 K 線圖。其股價經過長時間、大幅度下跌之後，創出 7.99 元的低點，然後股價開始震盪上漲。先是站上 5 日均線，然後站上 10 日均線，最後站上 30 日均線，均線開始呈多頭排列。

　　需要注意的是，股價剛剛出現上升趨勢就出現大陰線殺跌，然後在 A 處出現下跌三顆星看跌訊號。短線高手可以在 A 處減倉以應對風險；看好其後走勢的投資人則可以耐心持有，往往從中長期來看，會有不錯的投資獲利。

　　從其後走勢來看，股價回檔到 30 日均線附近出現帶有長長下影線的錘頭線，這是見底 K 線，短線高手可以在這裡補回籌碼。

▲ 圖 6-38　新奧股份（600803）日 K 線

6-5-4　斷頭鍘刀實戰分析

　　股價經過長時間大幅上漲之後，出現見頂訊號一定要減倉，如果再出現斷頭鍘刀看跌訊號，一定要及時清倉出局觀望。

　　如圖 6-39 所示的是恩捷股份（002812）2020 年 12 月 3 日至 2021 年 2 月 25 日的日 K 線圖。其股價經過長時間、大幅度的上漲之後，創出 168.50 元高點。但在創出高點這天，收了一根帶有長長下影線的吊頸線，這是轉勢 K 線。投資人在這裡已獲利豐厚，需注意減倉保護獲利。

　　股價見頂後又來一根中陽線誘多，隨後開始連續殺跌，僅僅 3 個交易日，就下跌到 30 日均線附近。接著開始震盪盤整，均線出現黏合，然後在 A 處出現斷頭鍘刀看跌訊號，這表示股價又要開始下跌了，手中還有該股籌碼的投資人要果斷賣出。

　　股價在明顯的下降趨勢中，出現較大幅度的反彈，在反彈後期出

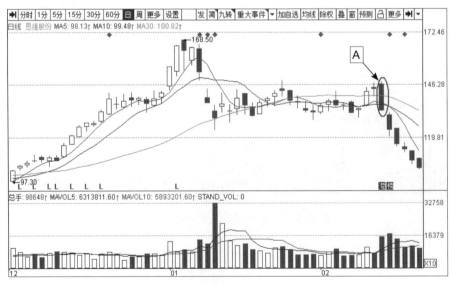

▲ 圖 6-39　恩捷股份（002812）日 K 線

現斷頭鍘刀看跌訊號，投資人要及時出局觀望。

　　如圖 6-40 所示的是萬向德農（600371）2020 年 12 月 25 日至 2021 年 4 月 29 日的日 K 線圖。其股價經過一波上漲之後，創出 16.65 元高點，然後在高位震盪 5 個交易日，就開始快速下跌，連續跌破 5 日、10 日和 30 日均線。

　　股價快速下跌之後，出現窄幅橫盤整理，然後出現一波下跌。這一波下跌之後，股價開始反彈，反彈到 30 日均線附近開始震盪，然後在 A 處出現斷頭鍘刀看跌訊號，表示震盪反彈結束，又要開始下跌了。投資人如果手中還有該股票籌碼，要果斷及時賣出，否則會越套越深，損失越來越慘重。

　　如果股價已經經過大幅下跌且探明底部，然後開始震盪上升，並在上漲初期或上漲途中出現斷頭鍘刀看跌訊號，投資人不必恐慌，很可能是主力在誘空。

▲ 圖 6-40　萬向德農（600371）日 K 線

　　如圖6-41所示的是瀚藍環境（600323）2018年10月16日至2019年4月9日的日K線圖。其股價經過長時間、大幅度下跌之後，創出11.04元低點。隨後股價不斷震盪上漲，先是站上5日均線，然後站上10日均線，接著站上30日均線，均線呈多頭排列，股價進入上升趨勢。

　　需要注意的是，股價均線進行多頭行情後沒有上漲，而是窄幅盤整，即上方有壓力線，下方有支撐線。反覆震盪之中，在A和B處出現斷頭鍘刀看跌訊號。這裡不必太害怕，畢竟下方有支撐，所以短線投資人可以減倉；中線看好該股走勢的投資人，可以耐心持有。

　　從其後走勢可以看出，橫盤整理後股價向上突破，開始新的一波上漲行情，中線持有的投資人往往會得到豐厚的獲利。

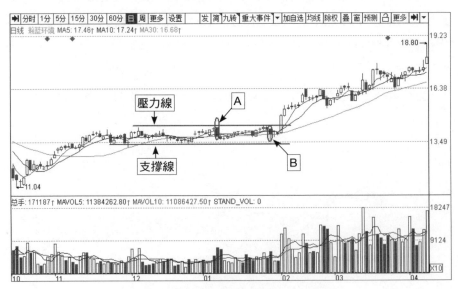

▲ 圖6-41　瀚藍環境（600323）日K線

Chapter 7

幫你分類5組見底K線，
看準就大膽進場！

7-1

【實戰技巧 11】
這 2 種 K 線出現，
表示股價即將上漲

7-1-1　早晨十字星

　　早晨十字星，又稱希望十字星，出現在下跌趨勢中。由三根 K 線組成，第一根 K 線為陰線，第二根 K 線是十字星，第三根 K 線是陽線。第三根 K 線實體較長，上漲時股價能夠到達第一根陰線實體的價格區間內。早晨十字星的標準圖形如圖 7-1 所示。

　　早晨十字星的技術含義是：股價經過大幅回落後，做空能量已大量釋放，股價無力再創新低，呈現見底回升態勢，這是較明顯的大勢轉向訊號。早晨十字星常見的變化圖形如圖 7-2 所示。

　　早晨十字星是見底訊號，後市看漲。需要注意的是，第二根 K 線的上、下影線越長，見底訊號越明顯。

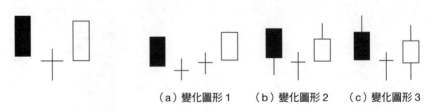

（a）變化圖形 1　　（b）變化圖形 2　　（c）變化圖形 3

▲ 圖 7-1　早晨十字星　　　　▲ 圖 7-2　早晨十字星常見的變化圖形

7-1-2　早晨之星

　　早晨之星，又稱希望之星，和早晨十字星相似，標準圖形如圖 7-3 所示。區別是早晨十字星的第二根 K 線是十字線，而早晨之星的第二根 K 線是小陽線或小陰線。

　　早晨之星也是一種見底回升訊號，但其訊號不如早晨十字星強。早晨之星常見的變化圖形如圖 7-4 所示。

　　實戰操作中，如果同時出現早晨十字星和早晨之星的個股，應選擇出現前者的個股買入。雖然兩者都是見底訊號，都有可能給投資人帶來獲利機會。但早晨十字星中間的那一根 K 線是「十字線」或「長十字線」，表示多空雙方在該位置戰鬥激烈，股價處於十字路口，其轉勢訊號比一般的小陽線、小陰線更強烈。因此在相同條件下，應優先選擇早晨十字星的股票。

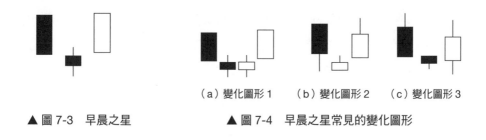

（a）變化圖形 1　　（b）變化圖形 2　　（c）變化圖形 3

▲ 圖 7-3　早晨之星　　　　▲ 圖 7-4　早晨之星常見的變化圖形

7-1-3　操作的 3 個注意事項

　　利用早晨十字星和早晨之星操作個股時，還要注意以下幾點。

　　第一，如果大盤向上走，即大盤的 30 日均線向上走，同時個股也向上走，即個股的 30 日均線也向上走，出現早晨十字星或早晨之星 K 線組合，激進型投資人可以採取積極買進策略，而穩健型投資人可以採

取分批買進策略。

第二，如果大盤向上走、個股向下走，出現早晨十字星或早晨之星 K 線組合，投資人要採取持籌觀望策略。

第三，如果大盤向下走、個股向上走，出現早晨十字星或早晨之星 K 線組合，激進型投資人可以利用少量資金嘗試性買進，而穩健型投資人要採取持籌觀望策略。

7-1-4　實戰案例分析

如圖 7-5 所示的是桂東電力（600310）2020 年 12 月 23 日至 2021 年 4 月 12 日的日 K 線圖。其股價經過一波反彈，在 A 處出現一根轉勢 K 線，即螺旋線。隨後價格開始下跌，先是跌破 5 日均線，然後跌破 10 日均線，接著跌破 30 日均線。需要注意的是，股價雖然快速下跌，但成交量不算大，這表示賣出籌碼的量不大。

隨後價格震盪下跌但跌幅不大，成交量很小，這表示持有該股的投資人都不願意賣出。價格經過明顯的三波下跌之後，在 B 處出現早晨十字星見底 K 線組合。即先是大陰線殺跌，隨後收了一根十字線，然後又陽線上漲。

這表示該股有上漲的可能，手中還有沒賣出的籌碼不要賣出。如果手中有資金可以觀察能不能站穩 30 日均線，均線能否形成多頭排列。如果能，手中籌碼繼續持有，並且沿著 5 日均線買入該股。從其後走勢來看，股價站穩所有均線後，開始一波趨勢性上漲行情。及時買進的投資人，會有不錯的投資獲利。

如圖 7-6 所示的是瀚藍環境（600323）2020 年 3 月 23 日至 2020 年 8 月 25 日的日 K 線圖。其股價經過一波下跌整理，創出 19.04 元低點，然後開始震盪上漲。先是站上 5 日均線，然後站上 10 日均線，接著站上

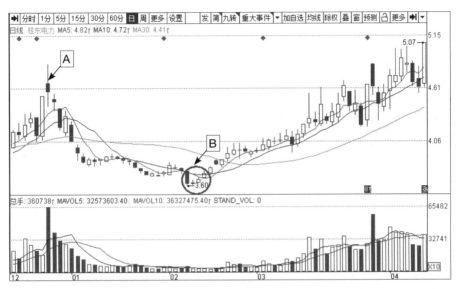

▲ 圖 7-5　桂東電力（600310）日 K 線

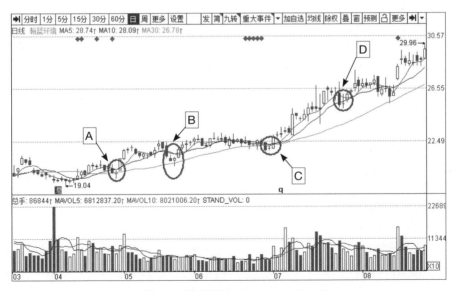

▲ 圖 7-6　瀚藍環境（600323）日 K 線

30 日均線。這表示股價看好，手中還有籌碼的投資人可以耐心持有，一直關注該股票的投資人要注意進場訊號。

股價在 A 處陰線跌破 30 日均線，但第 2 個交易日收一根小陽線，第 3 個交易日開始中陽線上漲，重新站上所有均線。這就是標準的早晨之星，是見底訊號，這時可以買進該股票。

股價在 B 處，30 日均線附近出現變形的早晨之星，所以也是進場買進訊號。C 處也是先跌破 30 日均線，但隨後收了一根十字線。接著就是一根中陽線上漲，重新站上所有均線，所以這裡是新的做多位置。

同理，D 處也出現買入訊號，即早晨十字星，仍可以輕倉介入多單。畢竟價格已上漲一段時間，也沒有充分的整理，獲利盤一旦賣出，易回檔。

如圖 7-7 所示的是中新藥業（600329）2020 年 5 月 13 日至 2020 年 9 月 16 日的日 K 線圖。經過長時間大幅上漲之後，開始在高位震盪，低位支撐區間是 17 元附近，高位壓力區間是 20 元附近。

在高位震盪行情中，如果在支撐區間出現見底 K 線，可以輕倉買入股票，但一旦上方壓力不能突破，要及時出局。在這時可以看到 A 處，變形早晨之星買進，B 處賣出，有獲利；C 處早晨十字星買進，沒有獲利機會，短線還會被套；D 處早晨十字星買進，有獲利機會，但如果不及時賣出，股價跌破支撐線後仍不賣出，很可能就會損失慘重。

如圖 7-8 所示的是華聯綜超（600361）2020 年 7 月 8 日至 2020 年 12 月 24 日的日 K 線圖。其股價經過一波上漲，創出 5.87 元高點。需要注意的是，創出高點這一天，股價收一根螺旋槳轉勢 K 線。

隨後價格開始下跌，先是跌破 5 日線，然後跌破 10 日均線，最後下跌到 30 日均線附近，出現見底早晨十字星 K 線，即 A 處。這時可以做多，因為符合在支撐線處出現見底 K 線組合買進的條件。但要注意，如果價格站不上 5 日均線，就要及時出局。

▲ 圖 7-7　中新藥業（600329）日 K 線

▲ 圖 7-8　華聯綜超（600361）日 K 線

　　圖 7-8 從其後走勢來看，價格反彈到 5 日均線附近出現十字線，表示上漲受到壓力，所以可以先停利。隨後價格開始下跌，這一波出現大陰線殺跌，跌破 30 日均線，表示價格有可能要走入下跌趨勢了，所以出現做多訊號最好觀望，不要輕易進場。

　　在 B 處，最好不要做多；如果要做多，也要有獲利就停利。在 C 處，也出現見底 K 線早晨十字星，這時也可以做多，但由於處在明顯的下跌趨勢中，所以要見好就收。

7-2

【實戰技巧 12】
3 種見底訊號中，
你應該優先選擇這一個

7-2-1　好友反攻

好友反攻，出現在下跌趨勢中，是由一陰一陽兩根 K 線組成的。第一根 K 線是大陰線，接著跳空開低，收盤時卻收了一根中陽線或大陽線，且收在前一根大陰線的收盤價附近或相同的位置上。好友反攻的標準圖形如圖 7-9 所示。

好友反攻也是一種常見的見底訊號，它提醒投資人不要再盲目看空了。好友反攻常見的變化圖形如圖 7-10 所示。

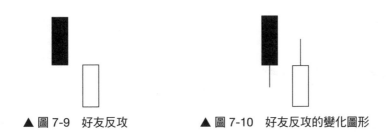

▲ 圖 7-9　好友反攻　　　▲ 圖 7-10　好友反攻的變化圖形

在這三種見底訊號中，好友反攻的轉勢訊號最弱。

7-2-2　曙光初現

　　曙光初現，出現在下跌趨勢中，是由一陰一陽兩根 K 線組成的，先是出現一根大陰線或中陰線，接著出現一根大陽線或中陽線，且陽線的實體深入到陰線實體的 1/2 以上位置。曙光初現的標準圖形如圖 7-11 所示。

　　曙光初現的陽線實體，深入陰線實體的部分越多，見底轉勢訊號越強。曙光初現的見底訊號比好友反攻強，但比旭日東昇弱。曙光初現常見的變化圖形如圖 7-12 所示。

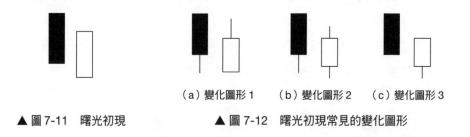

（a）變化圖形 1　　（b）變化圖形 2　　（c）變化圖形 3

▲ 圖 7-11　曙光初現　　　　▲ 圖 7-12　曙光初現常見的變化圖形

7-2-3　旭日東昇

　　旭日東昇，出現在下跌趨勢中，是由一陰一陽兩根 K 線組成的。先是出現一根大陰線或中陰線，接著出現一根開高的大陽線或中陽線，且陽線的收盤價已高於前一根陰線的開盤價。曙光初現的標準圖形如圖 7-13 所示。

　　旭日東昇的陽線實體高出陰線實體的部分越多，則見底轉勢訊號越強，其見底轉勢訊號比曙光初現和好友反攻都強。旭日東昇常見的變化圖形如圖 7-14 所示。

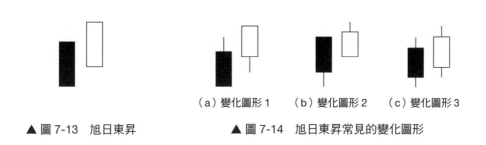

（a）變化圖形 1　（b）變化圖形 2　（c）變化圖形 3

▲ 圖 7-13　旭日東昇　　　　　▲ 圖 7-14　旭日東昇常見的變化圖形

7-2-3　實戰案例分析

　　如圖 7-15 所示的是深天地 A（000023）2020 年 1 月 8 日至 2020 年 4 月 22 日的日 K 線圖。其股價經過一波快速下跌之後，在 A 處出現好友反攻 K 線組合。即股價跌停收盤後，第 2 個交易日股價開盤仍跌停，但隨後開始反彈上漲，最後中陽線收盤。這是一個見底 K 線組合，手中還有籌碼的投資人，不要急著賣出。

　　隨後股價開始震盪反彈上漲，先是站上 5 日均線，然後站上 10 日均線，最後站上 30 日均線。需要注意的是，股價站上 30 日均線的第 2 個交易日，就是中陰線殺跌，但隨後就是一根大陽線拉起，即 B 處。這是旭日東昇見底 K 線組合，此處可以買進股票。

　　從其後走勢來看，股價沿著均線震盪上漲。在 C 處，股價再度出現旭日東昇見底 K 線組合，由於股價沒有大幅上漲過，所以仍可以買進股票。在 D 處，股價又出現旭日東昇見底 K 線組合。需要注意的是，由於股價上漲幅度較大，雖然仍可以買進股票，但要注意倉位。如果倉位重，持有即可；如果倉位輕，仍可以買進，但一定要注意見頂 K 線，一

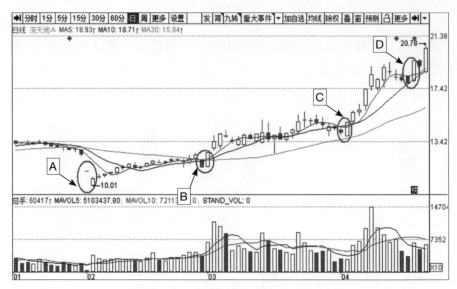

▲ 圖 7-15　深天地 A（000023）日 K 線

且出現最好先停利，畢竟上漲幅度已大。

　　如圖 7-16 所示的是神州信息（000555）2020 年 6 月 17 日至 2020 年 12 月 24 日的日 K 線圖。其股價經過較長時間、較大幅度的上漲之後，在高位開始震盪。高位震盪行情要找到支撐位，只要在支撐位上方出現見底 K 線組合，都可以買入股票。

　　A 處出現曙光初現見底 K 線組合，可以做多，從其後走勢來看，漲幅不大，要見好就收。B 處出現旭日東昇見底 K 線組合，可以做多，從其後走勢來看，開高低走大陰線是賣出位置。C 處出現早晨十字星見底 K 線組合，可以做多，但也要見好就收。

　　D 處出現曙光初現見底 K 線組合，這一波反彈很弱，沒有重新站上 30 日均線，要果斷賣出股票。E 處出現好友反攻見底 K 線組合，這一波反彈更弱。連續反彈 4 天，也沒有「吃掉」前面的大陰線，並且均線已形成空頭排列，要及時賣出。

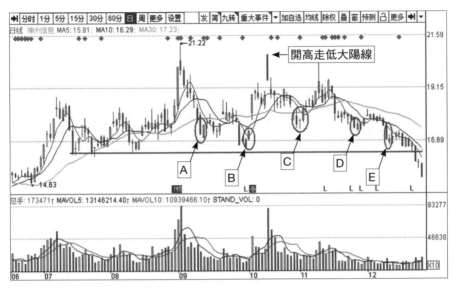

▲ 圖 7-16　神州信息（000555）日 K 線

專家提醒

在 E 處如果略有虧損，也要及時賣出，因為反彈力量太弱了。

　　如圖 7-17 所示的是煉石航空（000697）2020 年 8 月 12 日至 2020 年 11 月 2 日的日 K 線圖。其股價經過一波上漲之後，創出 15.62 元高點，然後股價在高位震盪 3 個交易日，隨後一根大陰線跌破 5 日和 10 日均線，這表示價格有走壞的可能。

　　大陰線後出現了一根開低陽線，即在 A 處出現好友反攻見底 K 線組合。但這裡不可做多，或只能輕倉介入，原因是股價已上漲幅度較大且剛開始下跌。如果輕倉介入該股票，連續兩天都沒有站上 5 日均線，就要及時賣出，否則會損失慘重。

　　在 B 處，先是一根大陰線跌破 30 日均線，然後出現一根陽線，即

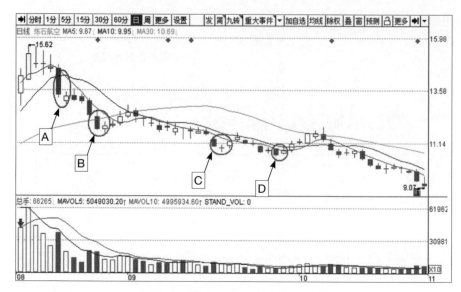

▲ 圖 7-17　煉石航空（000697）日 K 線

出現曙光初現見底 K 線組合。如果在這裡介入該股票，要注意連續 4 天
反彈，雖都收於陽線但上漲幅度太小，並且上漲到 30 日均線附近出現
壓力，所以在這裡要及時賣出。

　　在 C 處，股價出現早晨十字星見底 K 線組合，這裡最好不要做多，
因為當前是明顯的下跌行情，一旦介入該股票不能及時出局，就會被
套。在 D 處，股價出現旭日東昇見底 K 線組合，如果買入股票，一定要
在股價未突破 30 日均線附近賣出股票。

> **專家提醒**
>
> 在明顯的下跌趨勢中出現見底 K 線組合，最好觀望，不要輕易介入。短線
> 高手則可以輕倉試單，一旦試對就具有價格優勢，可以中線持有，甚至長線
> 持有。但最好是股價站上所有均線，然後順勢介入該股票，這樣風險會小很
> 多，獲利機會較大。

7-3

【實戰技巧 13】

看到這 3 種組合，
快抓緊機會做多！

7-3-1　平底

　　平底，又稱鉗子底，出現在下跌趨勢中，由兩根或兩根以上的 K
線組成，但這些 K 線的最低價在同一水平位置上。平底的標準圖形如
圖 7-18 所示。

　　平底是見底回升的訊號，如果出現在較大的跌勢之後，股價反轉
的可能性就很大。投資人見到此 K 線型態，可考慮適量買進。平底的
變化圖形如圖 7-19 所示。

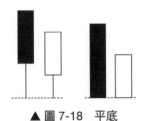

▲ 圖 7-18　平底

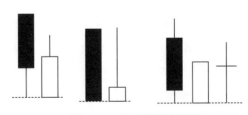

▲ 圖 7-19　平底的變化圖形

7-3-2　塔形底

塔形底，因其形狀像一個倒扣的塔頂而得名。其特徵是在一波下跌行情中，股價在拉出長陰線後，跌勢開始趨緩，出現一連串的小陰線、小陽線，隨後竄出一根大陽線，這時升勢已經確立。塔形底的圖形如圖 7-20 所示。

一般來說，股價在低位形成塔形底後，並且有成交量的配合，往往會有一段較突然的漲勢出現。投資人見此 K 線組合後，應抓準機會，跟進做多。

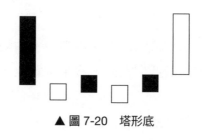

▲ 圖 7-20　塔形底

7-3-3　圓底

圓底，出現在下跌趨勢中，股價形成一個圓弧底，並且圓弧內的 K 線多為小陰線、小陽線，最後以向上跳空缺口來確認圓底型態成立。圓底的圖形如圖 7-21 所示。

當股價在下跌回檔或橫向整理時，出現圓底 K 線型態，表示市場做空力量已大大減弱，後面很可能轉為升勢。投資人見到該 K 線型態，可考慮適量買進。

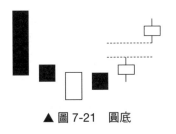

▲ 圖 7-21　圓底

7-3-4　平底實戰案例分析

股價處在明顯的上漲趨勢中，並且上漲幅度不大，如果出現平底或回檔過程中出現平底，是一個不錯的買入時機。

如圖 7-22 所示的是中信特鋼（000708）2020 年 10 月 21 日至 2021 年 2 月 10 日的日 K 線圖。其股價經過一波回檔，最低為 15.80 元。但創出低點這一天，股價帶有下影線，表示多方有抄底買進該股票。隨後股價開高走高，出現旭日東昇見底 K 線組合，即 A 處。

隨後股價繼續上漲，最後站上所有均線，即站上 5 日、10 日和 30 日均線，表示股價要開始一波上漲行情。如果投資人在 A 處抄底，可以繼續持有；如果沒有抄底，則可以關注該股票。隨後股價繼續沿著 5 日均線上漲。上漲過程中，在 B 處連續出現平底，手中籌碼可以繼續持有；沒有該股票的投資人，可以在平底處買進該股票。

經過一波上漲之後，股價開始橫盤整理。窄幅橫盤整理過程中，在 C 處出現平底，這是買入訊號。同理，在 D 處出現早晨之星，也是買入訊號。經過一個多月時間的橫盤整理之後價格再度上漲，上漲過程中，在 E 處和 F 處出現平底，所以仍是買進股票的機會。

股價如果經過較長時間、較大幅度上漲，然後在高位震盪，這時出現平底訊號可以輕倉跟隨，但畢竟在高位要注意風險。另外要多加注意，如果股價處在明顯的下跌趨勢中，出現平底訊號，最好不要輕倉進

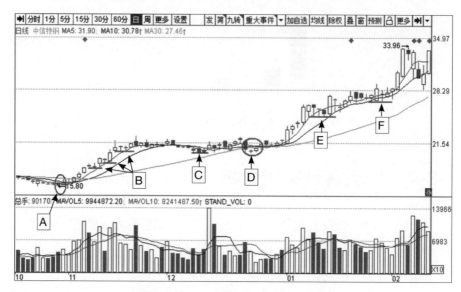

▲ 圖 7-22　中信特鋼（000708）日 K 線

場，因為下跌趨勢中的反彈力度有時很弱，被套的可能性很大。

　　如圖 7-23 所示的是時代出版（600551）2020 年 5 月 22 日至 2020年 11 月 4 日的日 K 線圖。該股價經過一波上漲之後，在高位震盪，A處出現平底，此時可以輕倉買入該股票。雖然創出 11.39 元高點，但創出高點那天，股價收一根大陰線，要及時賣出股票。

　　B 處股價再度出現平底，仍可以輕倉買入股票，但上漲力量不強，所以當股價跌破 5 日均線時，最好賣出。C 處股價出現平底，需要注意的是，這裡均線已形成空頭排列，即當前行情很可能已處於下跌趨勢的初期。所以當股價反彈站不上 30 日均線時，要及時賣出。

　　隨後股價開始震盪下跌，即進入明顯的下跌行情。在這樣的行情中，出現平底或其他見底 K 線，最好以觀望為主。從其後走勢來看，在 D、E、F、G、H、J 任何一處買進股票，都會被套住，如果不及時停損將損失慘重。

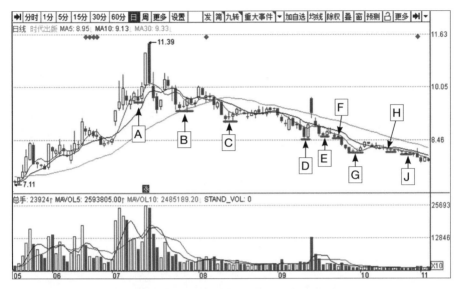

▲ 圖 7-23　時代出版（600551）日 K 線

7-3-5　塔形底實戰案例分析

股價大幅下跌之後探明底部區域，然後開始震盪上升。在這個過程中出現回檔，回檔過程中出現塔形底，要敢於重倉買進並持有。

如圖 7-24 所示的是黃山旅遊（600054）2020 年 10 月 29 日至 2021年 3 月 15 日的日 K 線圖。其股價經過一波下跌，創出 8.10 元低點。需要注意的是，這裡出現早晨十字星見底 K 線組合，即 A 處。隨後股價開始震盪上漲。先是站上 5 日均線，然後站上 10 日均線，最後又站上 30日均線，均線形成多頭排列，即有望出現一波上漲行情。

然而接下來價格並沒有再漲，而是橫盤整理，經過窄幅震盪後，股價再度下跌，即表示主力來洗盤。在 B 處出現塔形底見底 K 線組合，且這時股價又重新站上所有均線。這時手中有籌碼的投資人可以繼續持有，沒有的可以買進該股票。

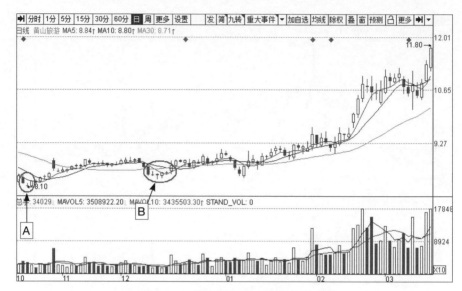

▲ 圖 7-24　黃山旅遊（600054）日 K 線

　　如果股價經過一段時間上漲之後，在高位震盪，在震盪過程中出現塔形底，可以短線做多跟進。但要小心主力在誘多，以防把自己套在高位。如圖 7-25 所示的是中信證券（600030）2020 年 6 月 22 日至 2021 年 3 月 12 日的日 K 線圖。其股價經過較長時間、較大幅度上漲之後，在高位震盪。高位震盪的過程中，在 A 處出現塔形底，此時可以輕倉買入股票。但一定要注意，一旦有不利的訊號，就要及時賣出。

　　股價在 A 處見底後先是震盪上漲，然後拉出一根大陽線，但隨後價格並沒有繼續上漲，而是震盪回檔，所以 B 處的大陽線為誘多大陽線。誘多大陽線處是最理想的賣出位置，但很難有投資人能做到。

　　隨後價格震盪上漲時，反覆出現上影線 K 線，即 C 處，表示上方壓力較大，就可以賣出股票了。在明顯的下跌趨勢中，特別是在下跌初期出現塔形底，這很可能是主力在誘多，要提高警覺。如圖 7-26 所示的是廈門象嶼（600057）2020 年 11 月 17 日至 2021 年 2 月 5 日的日 K 線圖。

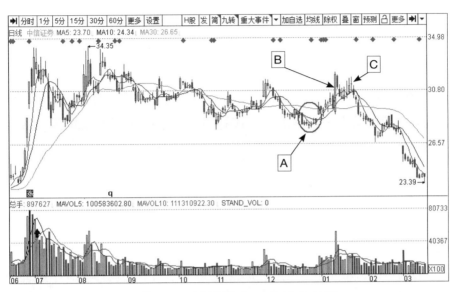

▲ 圖 7-25　中信證券（600030）日 K 線

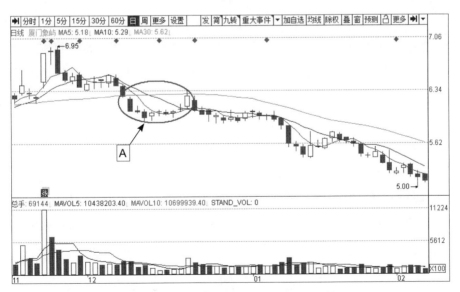

▲ 圖 7-26　廈門象嶼（600057）日 K 線

其股價經過一波上漲，最高上漲到 6.95 元，然後開始下跌。先是大陰線下跌，然後在 30 日均線上方震盪，震盪後又是中陰線下跌，並且跌破 30 日均線。

股價跌破 30 日均線後出現塔形底，即 A 處。需要注意的是，股價已處於空頭行情中，且塔形底反彈的高點正好為 30 日均線附近，這是明顯的誘多行情。所以千萬不能在這裡買進該股，如果手中還有該股票籌碼，也應該及時賣出。

7-3-6　圓底實戰案例分析

股價經過大幅下跌之後探明底部區域，然後開始震盪上升，過程中出現回檔，回檔過程中出現圓底，要敢於重倉買進並持有。

如圖 7-27 所示的是同仁堂（600085）2020 年 11 月 9 日至 2021 年 4 月 1 日的日 K 線圖。其股價在 2018 年 5 月最高價為 43.78 元，到 2020 年 12 月最低價為 23.25 元，下跌幅度高達 46.89%。無論從時間或從空間上看，股價都有可能在底部區域。在 A 處，股價出現圓底見底 K 線組合，所以可以在此處買進股票。

股價在 A 處見底，後面走勢比較複雜，但最終沒有回補缺口，即 B 處的最低點在缺口上方。在 C 處，股價又出現塔形底 K 線組合，所以仍可買進該股票。如果股價已處在相對高位然後震盪盤整，在這個過程中出現圓底，可以短線做多，但要時時警惕是在高位，以防自己被套。

如圖 7-28 所示的是古井貢酒（000596）2020 年 7 月 21 日至 2021 年 4 月 2 日的日 K 線圖。其股價在 2019 年 1 月最低價為 50.00 元，到 2021 年 1 月最高價為 295.00 元，上漲幅度高達 490%。

無論從時間上或空間上看，股價都已處在高位。高位震盪過程中，在 A 處出現圓底，這是見底訊號。但由於已處在高位只能輕倉做

▲ 圖 7-27　同仁堂（600085）日 K 線

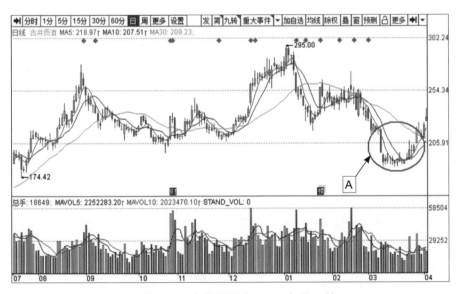

▲ 圖 7-28　古井貢酒（000596）日 K 線

多，並且一旦有不利的訊號，就要及時賣出股票。在明顯的下跌趨勢中，特別是在下跌初期出現圓底，這很可能是主力在誘多，要特別小心。

如圖 7-29 所示的是中迪投資（000609）2020 年 7 月 14 日至 2021 年 1 月 29 日的日 K 線圖。其股價經過一波上漲創出 7.09 元高點，但創出高點這天卻收一根大陰線，且跌破 5 日和 10 日均線，隨後又跌破 30 日均線，股價處於空頭行情之中。

在明顯的空頭行情中，出現做多訊號要特別小心。所以在 A 處和 B 處出現的圓底，想做多都要特別小心。因為一不小心就會被套，不及時停損將損失慘重。

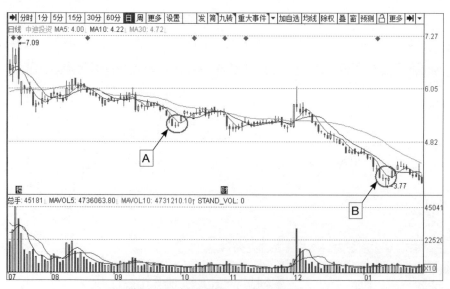

▲ 圖 7-29　中迪投資（000609）日 K 線

7-4

【實戰技巧 14】
這 2 種組合表示股價見底，可逢低買進了

7-4-1　低檔五陽線

低檔五陽線，又稱下檔五陽線，其特徵是在下跌持續一段時期後，K 線圖連續出現 5 條陽線（有時可能是 6 條、7 條），表示在此價位多方的承接力量較強。低檔五陽線的圖形如圖 7-30 所示。

低檔五陽線的出現，預示著股價可能已經見底或者處於一個階段性底部，這是一種買入訊號。投資人如果逢低適量買進，風險不大，短線獲利機會較多。

▲ 圖 7-30　低檔五陽線

7-4-2　低位並排陽線

低位並排陽線的特徵：股價經過一段時間下跌，出現一根跳空開低的陽線，至收盤時仍留下缺口，緊接著又出現一根與之並列的陽線。低位並排陽線的圖形如圖 7-31 所示。

下跌趨勢中，出現低位並排陽線，往往是股價已到谷底或階段性底部的訊號。投資人見到該 K 線型態，可考慮適量買進建倉。

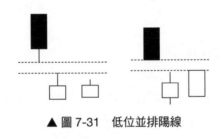

▲ 圖 7-31　低位並排陽線

7-4-3　連續跳空三陰線

連續跳空三陰線的特徵：下跌途中，連續出現三根跳空開低下跌的陰線，這時股價往往已經見底。連續跳空三陰線的圖形如圖 7-32 所示。

▲ 圖 7-32　連續跳空三陰線

　　股票經過連續跳空三陰線後，若連續拉出一根或兩根陽線及時回補下跌的第三個缺口，就可以說明多方反攻在即，股價上升的可能性很大。投資人見此 K 線後，可以在股價止跌時適量買進一些股票，持籌待漲。

7-4-4　低檔五陽線實戰案例分析

　　如果股價經過較長時間、較大幅度下跌，然後在低位出現低檔五陽線，這時可以輕倉跟進。但要設好停損點，即突破整理平台的低點時要及時出局，當然在突破整理平台的高點時，可以順勢加倉。

　　如圖 7-33 所示的是中視傳媒（600088）2020 年 8 月 14 日至 2021 年 4 月 20 日的日 K 線圖。其股價經過較長時間、較大幅度下跌之後，創出 8.96 元低點。需要注意的是，創出低點之前，股價連續被兩根大陰線殺跌，以恐嚇投資人賣出手中的籌碼。兩根大陰線之後，股價略開低下行，最終卻收一根帶有上下影線的陽線，隨後又是一根中陽線上漲，即在 A 處出現早晨之星見底 K 線組合。

　　股價在 A 處見底後開始反彈上漲，上漲到 30 日均線附近，股價再度受壓下行。注意這一波下跌，雖然下跌 13 個交易日，但整理下跌幅度不大沒有再創新低，然後出現低檔五陽線見底 K 線組合，即 B 處。

　　投資人要了解，在 B 處股價已下跌很多也探明底部，然後在低位反覆盤整，市場主力是在出貨嗎？不，是在吸貨，所以在這裡可以輕倉跟隨，然後再順勢加倉。股價出現低檔五陽線後沒有立即上漲，而是又盤整 2 個交易日再大陽線拉漲，同時也站上所有均線，從而開始一波上漲行情。如果股價經過較大幅度上漲，然後在相對高位震盪，過程中出現低檔五陽線，在突破整理平台的高點時可以加倉，但一定要小心主力在誘多，畢竟股價在高位。

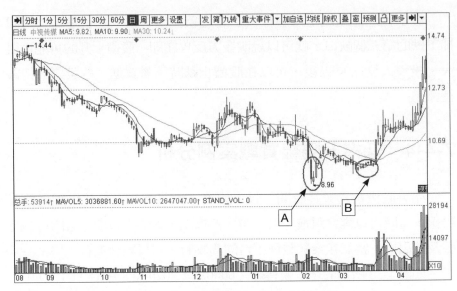

▲ 圖 7-33　中視傳媒（600088）日 K 線

　　如圖 7-34 所示的是國金證券（600109）2020 年 6 月 30 日至 2021 年 2 月 8 日的日 K 線圖。其股價在 2018 年 10 月最低價為 5.74 元，到 2020 年 7 月最高上漲到 17.47 元，即 A 處，上漲幅度高達 204.35%。

　　股價快速上漲之後出現回檔，回檔到 13.50 元附近，價格得到支撐。股價得到支撐後開始在高位震盪，在震盪中出現低檔五陽線，即 B 處，這是一個見底訊號。如果手中有該股的籌碼，可以繼續持有；如果手中沒有籌碼，可以輕倉買入。但一定要注意，當前股價在高位，一旦有不利的訊號，就要及時賣出。

　　同理，在 C 處也出現低檔五陽線，仍可買進該股票，但出現不利的訊號就要及時賣出該股票。如果股價處在明顯的下跌趨勢中出現低檔五陽線，最好不要輕倉進場。因為下跌趨勢中的反彈力度有時很弱，進場被套的可能性很大。

　　如圖 7-35 所示的是上海貝嶺（600171）2020 年 7 月 30 日至 2020

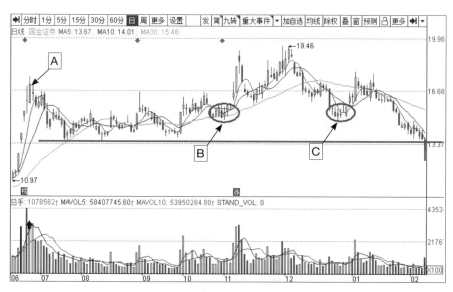

▲ 圖 7-34　國金證券（600109）日 K 線

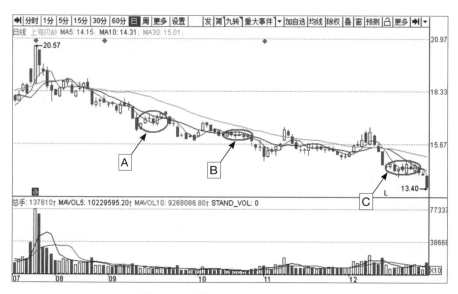

▲ 圖 7-35　上海貝嶺（600171）日 K 線

年12月28日的日K線圖。其股價經過一波上漲，創出20.57元高點。要注意創出高點這天，是一個誘多大陽線。隨後價格開始快速下跌，先後跌破5日、10日和30日均線。接著價格出現反彈，但反彈都沒有站穩30日均線，然後開始震盪下跌，即股價處於明顯的下跌行情。

下跌過程中不斷出現低檔五陽線，即A、B和C處，不可以在這幾處買入該股票。從其後走勢來看，在A、B和C處任何一處買入股票，如果不及時賣出，都會被深套，損失慘重。

7-4-5　低位並排陽線實戰案例分析

股價處於明顯的上升趨勢，並且上漲幅度不大，在上漲回檔過程中，如果出現低位並排陽線見底訊號，要敢於果斷加倉跟進，否則會錯過最佳獲利時機。

如圖7-36所示的是西藏藥業（600211）2020年6月30日至2020年7月31日的日K線圖。其股價經過一波上漲之後回檔，回檔到10日均線附近，出現低位並排陽線，即A處。由於當前處在明顯的上升趨勢中，且回檔到10日均線支撐位置，又出現低位並排陽線見底K線組合，這是極好的買入股票位置。從其後走勢可以看出，在這裡買入股票，短短幾天就會有相當大的獲利。

如果股價處在明顯的下跌趨勢中，出現低位並排陽線，最好不要輕倉進場。因為下跌趨勢中的反彈力度有時很弱，進場被套的可能性很大。如圖7-37所示的是國電南自（600268）2020年4月20日至2020年6月15日的日K線圖。其股價在2020年2月最低價為4.11元，到2020年4月最高上漲到13.55元，短短兩個月的時間，上漲幅度高達229.68%。

大幅上漲之後，股價在高位略做震盪，然後開始下跌且進入下跌

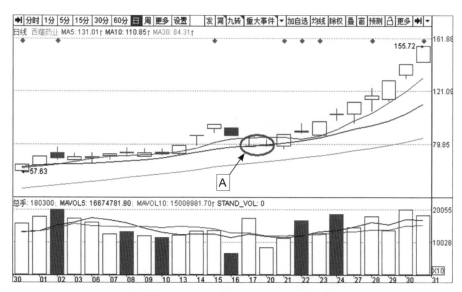

▲ 圖 7-36　西藏藥業（600211）日 K 線

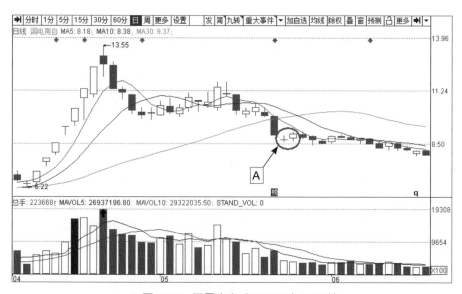

▲ 圖 7-37　國電南自（600268）日 K 線

趨勢。在明顯的下跌趨勢中，出現低位並排陽線，即 A 處。需要注意的是，雖然低位並排陽線是見底 K 線組合，也是買進訊號，但當前是明顯的下跌行情，並且是下跌初期。所以買進後一定要小心，一旦上漲無力就要果斷賣出。

從其後走勢來看，股價沿著 5 日和 10 日均線，震盪下跌，雖然跌幅不大，但如果不及時賣出也會被套，甚至有被深套的可能。

7-4-6　連續跳空三陰線實戰案例分析

股價經過較長時間、較大幅度下跌，下跌後期出現連續跳空三陰線。這表示下跌動力已接近尾端，主力在最後加速趕底，這時要耐心等待，很快就可以見到底了。

如圖 7-38 所示的是浦東建設（600284）2020 年 11 月 2 日至 2021 年 4 月 21 日的日 K 線圖。在 A 處，股價震盪下跌之後，出現連續跳空三陰線，雖然短線是見底訊號，但在此處進場風險很大。從其後走勢看，如果投資人輕倉介入不會有多大利潤，若不及時出局就會被套。

股價震盪之後又開始下跌，在 B 處，股價又出現連續跳空三陰線。如果進場做多，不及時賣出，短時間就會有比較大的損失。

總之，在下跌初期和下跌途中，利用連續跳空三陰線來抄底有較大風險，所以最好的策略是觀望。如果怕失去抄底機會可以輕倉介入，然後看其後走勢，如果符合自己的預測，可以順勢再加一部分倉位。但一定要知道這是在逆勢操作，一旦有不利的訊號，要及時減倉或清倉出局觀望。

在 C 處，又出現連續跳空三陰線。注意這時股價已從 7.18 元下跌到 5.50 元左右，並且下跌時間已有 3 個月左右。在這裡心中一定要問一下自己，主力是在不計成本地出貨嗎？還是在利用快速下跌來恐嚇散戶

▲ 圖 7-38　浦東建設（600284）日 K 線

呢？連續長時間大幅下跌之後，會不會是主力在加速趕底呢？

　　總之，要站在主力的立場去思考，只有這樣，才不會被表面的現象所迷惑，才會與主力同步。

　　所以，在這裡如果投資人手中還有籌碼，就不要急著停損出局了，而應耐心持有。如果投資人手中有較多資金，還可以逢低再加一部分倉位，即採用左側建倉法，與主力一塊建倉，從而享受其後的拉升。

7-5

【實戰技巧 15】
看到這 2 種 K 線組合，
觀察後可小心跟進

7-5-1　錘頭線

錘頭線出現在下跌趨勢中，陽線或陰線的實體很小，下影線大於或等於實體的兩倍，一般沒有上影線，即使有也短得可以忽略不計。錘頭線的標準圖形如圖 7-39 所示。

通常在股價大幅下跌之後，出現錘頭線，則股價止跌回升的可能性較大，其效果與以下四點有關。第一，錘頭實體越小，下影線越長，止跌作用就越明顯。第二，股價下跌時間越長、幅度越大，錘頭線見底訊號就越明確。第三，錘頭線有陽線錘頭與陰線錘頭之分，作用意義相同，但陽線錘頭力度要大於陰線錘頭。第四，如果錘頭線與早晨十字星一起出現，見底訊號更可靠。

激進型投資人見到下跌行情中的錘頭線，可以試探性地做多；穩健型投資人可以多觀察幾天，如果股價能放量上升，可以適量做多。錘頭線的變化圖形如圖 7-40 所示。

股價處於明顯的上升趨勢，並且上漲幅度不大，在上漲回檔過程中，如果出現錘頭線見底訊號，激進型投資人可以試探性地做多；穩健型投資人可以多觀察幾天，如果股價能放量上升，可以適量做多。

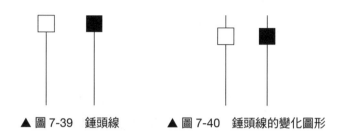

▲ 圖 7-39　錘頭線　　　▲ 圖 7-40　錘頭線的變化圖形

7-5-2　倒錘頭線

倒錘頭線出現在下跌趨勢中，因其形狀像個倒轉錘頭而得名。陽線或陰線的實體很小，上影線大於或等於實體的兩倍，一般沒有下影線，即使有也短得可以忽略不計。倒錘頭線的標準圖形如圖 7-41 所示。

倒錘頭線出現在下跌過程中，具有止跌回升的意義。如果它與早晨之星同時現出，則行情反轉向上的可能性更大，投資人可以適量參與做多。倒錘頭線的變化圖形如圖 7-42 所示。

股價處於明顯的上升趨勢，且上漲幅度不大，在上漲回檔過程中，如果出現倒錘頭見底訊號，激進型投資人可以試探性地做多；穩健型投資人可以多觀察幾天，如果股價能放量上升，可以適量做多。

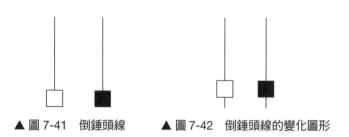

▲ 圖 7-41　倒錘頭線　　　▲ 圖 7-42　倒錘頭線的變化圖形

7-5-3　錘頭線實戰案例分析

　　如圖 7-43 所示的是安琪酵母（600298）2020 年 2 月 13 日至 2020 年 7 月 8 日的日 K 線圖。其股價經過一波回檔，創出 26.78 元低點，然後開始震盪上漲，先後站上 5 日、10 日和 30 日均線，股價處於上升趨勢中。在 A 處，股價回檔到 30 日均線出現錘頭線，由於這裡漲幅不大，所以可以買進該股票。

　　同理在 B 處也出現錘頭線，仍可以買進該股票。但需要注意的是，股價已經經過較大幅度上漲，在這裡介入多單，一旦出現不利的訊號，要及時賣出股票。

　　如果股價已處在相對高位，然後再震盪盤整，在這個過程中出現錘頭線見底訊號，可以短線做多。但要時時警惕，因為畢竟是在高位，以防把自己套在高位。

▲ 圖 7-43　安琪酵母（600298）日 K 線

　　如圖 7-44 所示的是天下秀（600556）2020 年 3 月 13 日至 2020 年 8 月 19 日的日 K 線圖。其股價經過較長時間、較大幅度上漲之後在高位震盪，其中下方支撐為 16.50 元左右，上方壓力在 22 元附近。只有價格在下方支撐之上，出現見底 K 線，就可以做多。但一定要注意，股價已上漲幅度較大，一旦跌破支撐可能會大跌，所以買進該股票之後，一旦有不利的訊號，就要及時出局。

　　在這裡可以看到，在 A、B 和 C 處都出現錘頭線，都可以買進該股票，但要注意不利的訊號，及時出局。如果股價已處在明顯的下降趨勢中，這時出現錘頭線見底訊號，觀望為佳。如果實在想操作，也只能輕倉跟隨，並且要有獲利就跑的短線思維，因為下降趨勢中做多，是很容易被套的。

▲ 圖 7-44　天下秀（600556）日 K 線

如圖 7-45 所示的是海德股份（000567）2020 年 5 月 6 日至 2020 年
10 月 29 日的日 K 線圖。其股價在高位反覆震盪之後，一根大陰線跌破
下方支撐，但隨後就收了一根錘頭線。需要注意的是，當前已由前期的
震盪行情轉變為下跌行情，所以這裡出現錘頭線見底訊號，就不能進場
做多了，否則就會被套，不停損就會損失慘重。同理，B 和 C 處的錘頭
線也不能輕易做多，也很容易被套。

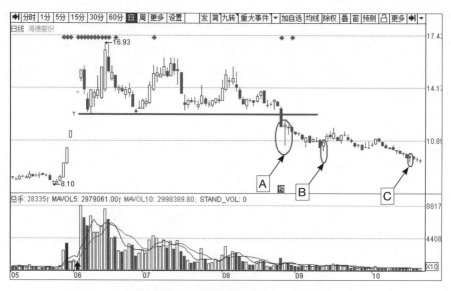

▲ 圖 7-45　海德股份（000567）日 K 線

7-5-4　倒錘頭線實戰案例分析

如圖 7-46 所示的是超華科技（002288）2020 年 11 月 17 日至 2021
年 1 月 21 日的日 K 線圖。其股價經過一波下跌，創出 6.18 元低點，然
後開始震盪上漲。先是站上 5 日均線，然後分別站上 10 日和 30 日均
線，股價處在上漲趨勢中。

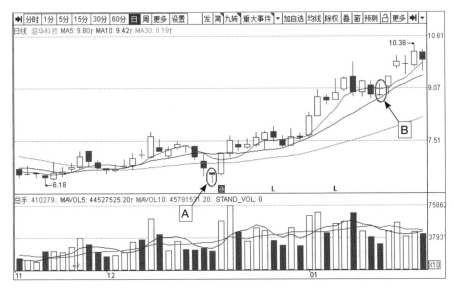

▲ 圖 7-46　超華科技（002288）日 K 線

　　需要注意的是，在 A 處價格已跌破 30 日均線，且是一個錘頭線見底 K 線組合，第 2 個交易日就是一個大陽線，重新站上所有均線，這表示下跌是假、是為了洗盤，所以這裡可以做多。

　　隨後價格繼續上漲，先是小幅震盪上行，然後快速拉升。快速拉升後，又出現小幅回檔，正好回檔到 10 日均線附近，即 B 處，出現一個倒錘頭線見底 K 線，這是一個買入訊號，所以此處可以買進。從其後走勢可以看出，在 B 處買進，短時間就有不錯的獲利。

　　如果股價已處在明顯的下降趨勢中，這時出現倒錘頭線見底訊號，觀望為佳。如果實在想操作，也只能輕倉跟隨，並且要有獲利就跑的短線思維，因為下降趨勢中做多，是很容易被套的。

　　如圖 7-47 所示的是信立泰（002294）2020 年 8 月 31 日至 2020 年 12 月 11 日的日 K 線圖。其股價經過一波上漲之後，創出 43.66 元高點，隨後先是跌破 5 日均線，然後跌破 10 日均線，接著跌破 30 日均線，行情

由上漲趨勢變成下跌趨勢。

在明顯的下跌趨勢中，出現倒錘頭線見底訊號，如 A、B、C、D 和 E 處，最好不要進場買進股票，這樣的行情很容易被套，若不及時停損，可能會損失慘重。

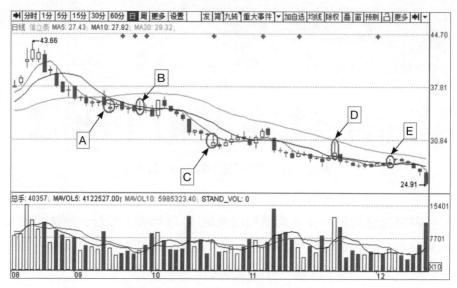

▲ 圖 7-47　信立泰（002294）日 K 線

Chapter 8

看準這5種見頂K線，
就不會白白錯失賣出時機

8-1
【實戰技巧 16】
這 2 種 K 線出現，
表示股價已經見底

8-1-1　黃昏十字之星

　　黃昏十字星的特徵是：股價經過一段時間的上漲後，出現向上跳空開盤訊號，開盤價與收盤價相同或非常接近，並且留有上下影線，形成一顆「十字星」，接著第 2 天跳空拉出一根下跌的陰線。黃昏十字星的標準圖形如圖 8-1 所示。

　　黃昏十字星的出現，表示股價已經見頂或離頂部不遠，股價將由強轉弱，一輪跌勢將不可避免。投資人遇到此種 K 線圖，離場出局為妙。黃昏十字星常見的變化圖形如圖 8-2 所示。

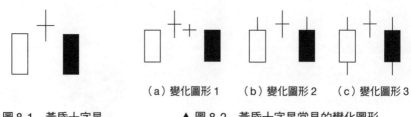

（a）變化圖形 1　　（b）變化圖形 2　　（c）變化圖形 3

▲ 圖 8-1　黃昏十字星　　　　▲ 圖 8-2　黃昏十字星常見的變化圖形

股價經過長時間的大幅上漲之後，出現黃昏十字星見頂訊號，表示多方力量已衰竭，空方力量開始聚集反攻。這時要及時清倉出局觀望，否則會把獲得的收益回吐，不及時出局甚至還會被套。

8-1-2　黃昏之星

黃昏之星出現在上升趨勢中，由三根 K 線組成，第一根 K 線是一根實體較長的陽線；第二根 K 線是實體較短的陽線或陰線，如果是陰線，則其下跌力度要強於陽線；第三根 K 線是一根實體較長的陰線，並深入到第一根 K 線實體之內。黃昏之星的標準圖形如圖 8-3 所示。

黃昏之星是股價見頂回落的訊號，根據統計，下跌可靠性達 80% 以上。所以投資人見到該 K 線組合應考慮及時減倉，並隨時做好停損離場的準備。黃昏之星常見的變化圖形如圖 8-4 所示。

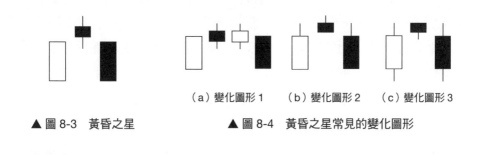

（a）變化圖形 1　　（b）變化圖形 2　　（c）變化圖形 3

▲ 圖 8-3　黃昏之星　　　　　▲ 圖 8-4　黃昏之星常見的變化圖形

專家提醒

黃昏之星見頂訊號沒有黃昏十字星強。

黃昏十字星和黃昏之星都是很明顯的見頂訊號，其技術意義是：盤中做多的能量，拉出一根大陽線或中陽線後就戛然而止，隨後出現一

個衝高回落的走勢。這反映多方的最後努力失敗，然後從右邊出現一根
大陰線或中陰線，將左邊的陽線吞吃。此時空方已完全掌握局勢，行情
開始走弱。

如果股價重心開始下移，那麼就是明顯的見頂訊號，即接下來是
慢慢或快速的大幅回檔。投資人還要注意，形成黃昏十字星或黃昏之星
時，如果成交量明顯放大，或者是關鍵的技術點位被其擊破，那麼見頂
訊號就更明顯了。這時要果斷斬倉，否則會出現重大的投資失誤。

8-1-3　黃昏十字星實戰案例分析

如圖 8-5 所示的是新世界（600628）2020 年 1 月 20 日至 2020 年 8
月 26 日的日 K 線圖。其股價經過一波快速下跌，創出 6.90 元低點。但
創出低點這天，股價卻收一根開低高走的大陽線，表示股價已見底。

隨後股價在低位震盪，震盪後開始上漲，兩波上漲之後開始在高
位震盪。經過較長時間的震盪，股價再度快速上漲，在 A 處出現黃昏
十字星見頂訊號。由於股價經過三波明顯上漲行情已處於高位，這時出
現黃昏十字星後市下跌的機率很大，投資人要及時賣出手中的籌碼。

股價見頂後開始大幅下跌，然後又快速反彈，在反彈的末端如果出
現黃昏十字星見頂訊號，抄底多單要及時出局，否則也會被套在高位。

如圖 8-6 所示的是廣匯物流（600603）2020 年 9 月 2 日至 2020 年 1
月 28 日的日 K 線圖。其股價在創出 6.10 元高點之後，在高位震盪，震
盪之後開始快速下跌。

經過明顯的兩波下跌之後，開始較長時間的震盪，震盪後再度反彈
上漲。投資人一定要明白，當前很可能是反彈行情，一旦反彈出現見頂
K 線，要第一時間賣出股票。所以在 A 處，出現黃昏十字星，就要及時
賣出股票。

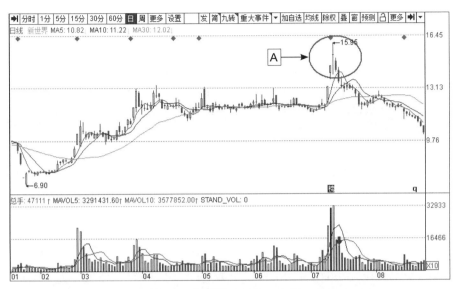

▲ 圖 8-5　新世界（600628）日 K 線

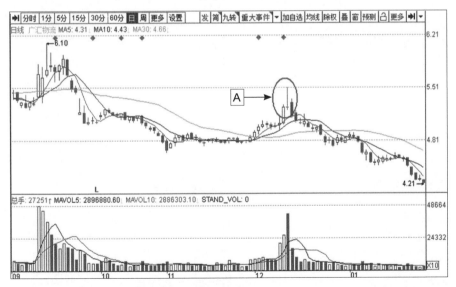

▲ 圖 8-6　廣匯物流（600603）日 K 線

可能有投資人會問，當前均線已處於多頭行情，到底是新的一波上漲行情，還是反彈行情呢？其實當前是日 K 線，這時看週 K 線或月 K 線，就可以看出當前還是空頭行情。當然這裡即使是新的一波上漲，若出現明顯的見頂 K 線，也要先賣出觀望，等技術走好後再進場做多。

　　股價如果探明底部區域，開始震盪盤升且漲幅不大，這時出現黃昏十字星見頂訊號，短線可以減倉，然後再逢低把倉位補回來，中線可以持倉不動。如圖 8-7 所示的是農發種業（600313）2020 年 5 月 21 日至 2020 年 8 月 19 日的日 K 線圖。其股價經過一波下跌之後，創出 3.51 元低點，隨後股價開始震盪上漲。先是站上 5 日均線，然後站上 10 日均線，最後站上 30 日均線，均線再度走好。

　　股價站上所有均線後繼續上漲，但隨後出現一個黃昏十字星，即 A

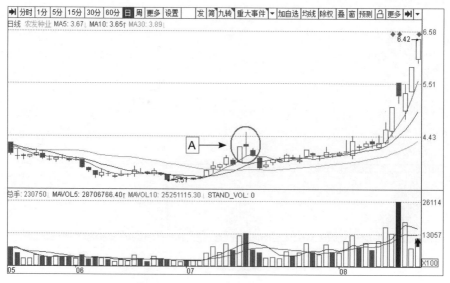

▲ 圖 8-7　農發種業（600313）日 K 線

處。股價經過較長時間、較大幅度的下跌，這裡很可能是底部，當然也不排除是反彈行情，所以在 A 處要減倉，或全部賣出。

可以看到隨後股價下跌到30日均線附近，就不再下跌，所以投資人如果手中有籌碼不用太害怕，可以繼續持有。沒有籌碼的投資人，可以逢低買進，以 30 日均線為停損位即可，即收盤跌破30日均線就停損出局，否則就持有。從其後走勢可以看出，這時買進的投資人，都會有不錯的投資獲利。

8-1-4　黃昏之星實戰案例分析

如果股價經過大幅上漲，且快速拉升後出現黃昏之星 K 線組合，則股價明顯已見頂或即將見頂，投資人這時要果斷逢高出局為妙。

如圖 8-8 所示的是華鑫股份（600621）2020 年 5 月 6 日至 2020 年 9 月 10 日的日 K 線圖。其股價經過較長時間、較大幅度上漲之後，在高位出現黃昏之星見頂 K 線組合，即 A 處。投資人要及時賣出手中的股票，否則會損失較多獲利，甚至由獲利變虧損。如果股價見頂後快速下跌、再反彈，在反彈中出現黃昏之星 K 線組合，投資人要果斷出局，否則會被深套。

如圖 8-9 所示的是錦江在線（600650）2020 年 8 月 12 日至 2020 年 11 月 2 日的日 K 線圖。其股價經過一波上漲創出 11.41 元高點，然後在高位震盪，震盪後跌破所有均線，均線慢慢變成空頭排列。

經過一波下跌後出現小幅反彈，反彈末端出現黃昏之星見頂 K 線，且正好反彈到 30 日均線附近，即 A 處。如果投資人這時手中還有籌碼，還是果斷賣出為妙。

如果股價已處於明顯的上升趨勢且升幅不大，出現黃昏之星 K 線組合，短線投資人要減倉；如果是中長線投資人，則可以持倉不動。

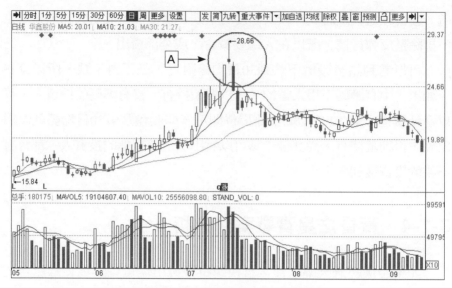

▲ 圖 8-8　華鑫股份（600621）日 K 線

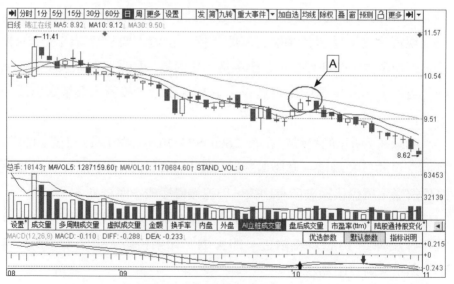

▲ 圖 8-9　錦江在線（600650）日 K 線

　　如圖 8-10 所示的是中國國貿（600007）2021 年 1 月 21 日至 2021 年 5 月 10 日的日 K 線圖。其股價經過較長時間、較大幅度下跌後創出 12.40 元低點。然後股價開始震盪上漲，先是站上 5 日均線，然後站上 10 日均線，最後站上 30 日均線，但隨後出現黃昏之星見頂 K 線，即 A 處。

　　在 A 處，如何處理手中的股票籌碼呢？短線買進者，可以賣出手中籌碼；輕倉介入者者，可以暫時持有，重點是關注股價能否跌破 30 日均線或跌破下方的支撐線。如果不跌破，可以繼續持有；如果跌破，可能是新的一波下跌行情。

　　從其後走勢來看，股價在這裡出現較長時間的橫盤整理，但始終沒有跌破下方支撐線。長時間橫盤整理後，一根大陽線開始一波上漲行情，手中的籌碼可以繼續持有；沒有籌碼的投資人或倉位輕的投資人，可以繼續加倉做多。

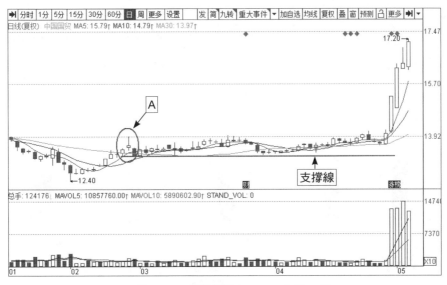

▲ 圖 8-10　中國國貿（600007）日 K 線

8-2

【實戰技巧 17】

看到這 3 種組合時，再不離場就會虧損！

8-2-1　平頂

　　平頂，又稱鉗子頂，出現在漲勢行情中，由兩根或兩根以上的 K 線組成，但這些 K 線的最高價在同一水平位置上。平頂的標準圖形如圖 8-11 所示。

　　平頂是見頂回落的訊號，預示股價下跌的可能性大，特別是與吊頸線、射擊之星等其他見頂 K 線同時出現時。投資人見到此 K 線型態，只有「三十六計，走為上計」，即快快躲開這個是非之地。平頂的變化圖形如圖 8-12 所示。

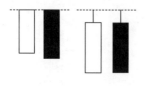

（a）變化圖形 1　（b）變化圖形 2　（c）變化圖形 3

▲ 圖 8-11　平頂　　　　　　▲ 圖 8-12　平頂的變化圖形

> **專家提醒**
>
> 平頂是一根無形的直線封鎖線，它像一道不可逾越的屏障，迫使股價掉頭下行。

8-2-2　圓頂

　　圓頂出現在漲勢行情中，股價形成一個圓弧頂，且圓弧內的 K 線多為小陰線、小陽線，最後以向下跳空缺口來確認圓頂型態成立。圓頂的圖形如圖 8-13 所示。

　　當股價在上漲或橫向整理時，出現圓頂 K 線型態，表示多方已無力推高股價，後市很可能轉為跌勢。投資人見到該 K 線型態，就要快點賣出股票。

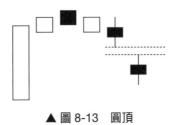

▲ 圖 8-13　圓頂

8-2-3　塔形頂

　　塔形頂的特徵是：在一個上漲行情中，首先拉出一根較有力度的大陽線或中陽線，然後出現一連串向上攀升的小陽線或小陰線。

　　之後上升速度減緩，接著出現一連串向下傾斜的小陰線或小陽線，最後出現一根較有力度的大陰線或中陰線，這樣塔形頂就形成了。

塔形頂的圖形如圖 8-14 所示。

當股價上漲時出現塔形頂 K 線型態,投資人就要提高警覺,並及時拋空出局。塔形頂的變化圖形如圖 8-15 所示。

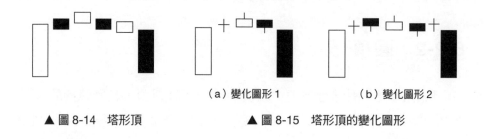

（a）變化圖形 1　　　　　（b）變化圖形 2

▲ 圖 8-14　塔形頂　　　　　　▲ 圖 8-15　塔形頂的變化圖形

專家提醒

塔形頂的左右兩根實體較長的大陽線、大陰線之間,聚集的 K 線越多,其見頂訊號越強;左右兩根 K 線的實體越長,尤其是右邊的陰線實體越長,訊號就越強。

根據多年實戰經驗,投資人一旦發現見頂訊號,應及早做好撤退準備或先賣出一部分籌碼,接著緊盯盤面。如果看到後面的 K 線走勢,確定有這些見頂訊號,就應果斷停損離場。

8-2-4　平頂實戰案例分析

股價經過較長時間、較大幅度上漲之後,在高位出現平頂見頂訊號,要及時出局觀望,最少也要減倉應對風險。

如圖 8-16 所示的是雲南白藥（000538）2020 年 12 月 3 日至 2021 年 5 月 10 日的日 K 線圖。其股價經過長時間、大幅度的上漲之後,創出

163.28 元高點，注意這是一個平頂，即 A 處。

　　A 處出現平頂後股價開始連續下跌，先是跌破 5 日均線，然後跌破 10 日均線，接著跌破 30 日均線。跌破 30 日均線後雖有反彈，但正好反彈到 30 日均線附近，再度下跌。注意 30 日均線附近是一個誘多大陽線，千萬不能被主力誘導進去，否則很可能損失慘重。

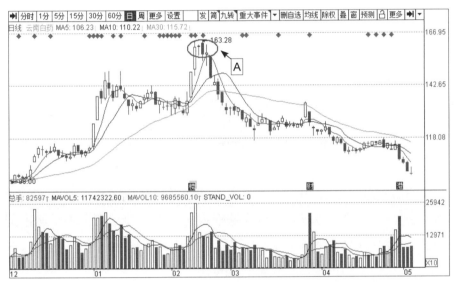

▲ 圖 8-16　雲南白藥（000538）日 K 線

　　股價處於明顯的下跌趨勢中，如果出現反彈，反彈的過程中出現平頂見頂訊號，也可及時出局觀望，以防把自己套在半山腰。

　　如圖 8-17 所示的是華建集團（600629）2020 年 8 月 4 日至 2021 年 2 月 4 日的日 K 線圖。其股價經過一波反彈上漲，創出 9.58 元高點，然後開始在高位震盪。在高位震盪過程中出現平頂，即 A 處，這時手中還有籌碼的投資人，最好及時減倉或清倉。

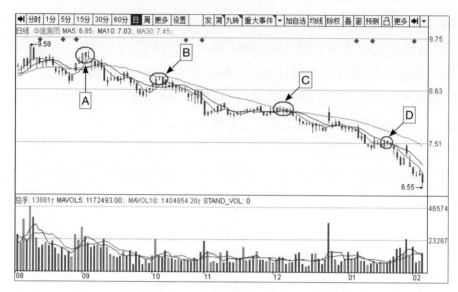

▲ 圖 8-17　華建集團（600629）日 K 線

　　高位震盪之後股價再度下跌，均線開始形成空頭排列。在明顯的空頭行情中，當股價反彈到 30 日均線附近，再次出現平頂，表示後市還會有下跌趨勢，所以手中有籌碼還要及時賣出，即 B 和 C 處。同理，在 D 處，出現的平頂也是賣出股票的位置。

　　如果股價經過長時間下跌，並且幅度較大，然後開始震盪上升，在上漲初期出現平頂見頂訊號，短線可以減倉，中線可以持倉不動。如圖 8-18 所示的是祥龍電業（600769）2021 年 1 月 19 日至 2021 年 4 月 19 日的日 K 線圖。其股價經過較長時間、較大幅度下跌之後，創出 3.71 元低點，然後股價開始震盪上漲。先是站上 5 日均線，然後站上 10 日均線，最後站上 30 日均線，均線形成多頭排列。

　　股價經過一波震盪上漲之後，在 A 處出現平頂 K 線組合，由於當前漲幅不大，短線高手可以賣出手中的籌碼，中線可以持有不動。但一定要注意，如果股價跌破 30 日均線，就要果斷停損了。從其後走勢來

看，股價回檔到 30 日均線附近得到支撐，所以中線投資人可以繼續持有；在平頂處賣出的，可以在 30 日均線附近補回。

同理，在 B 處也出現平頂，操作方法與 A 處一樣。從其後走勢可以看出，耐心持有的中線投資人，往往會有豐厚的獲利。

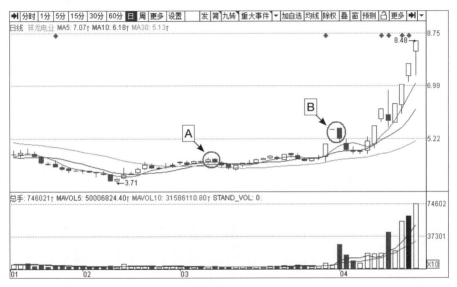

▲ 圖 8-18　祥龍電業（600769）日 K 線

8-2-5　圓頂實戰案例分析

股價經過較長時間、較大幅度上漲之後，在高位出現圓頂見頂訊號，要及時出局觀望，最少也要減倉應對風險。

如圖 8-19 所示的是中直股份（600038）2020 年 11 月 17 日至 2021 年 3 月 16 日的日 K 線圖。其股價經過較長時間、較大幅度上漲之後，創出 71.16 元高點。隨後價格在高位震盪下跌，先是跌破 5 日均線，然後跌破 10 日均線，接著跳空開低繼續下跌，即在 A 處出現圓頂。

圓頂見頂訊號出現，往往意味股價要走入下跌行情，手中還有籌碼的投資人一定要及時出局觀望，否則就會被套的越牢越深。在明顯的下跌行情中，如果股價出現反彈，反彈過程中出現圓頂見頂訊號，也可及時出局觀望，否則很容易被套在半山腰。

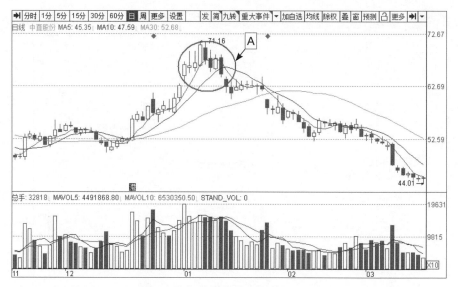

▲ 圖 8-19　中直股份（600038）日 K 線

如圖 8-20 所示的是平高電氣（600312）2021 年 3 月 16 日至 2021年 4 月 30 日的日 K 線圖。其股價經過一波反彈上漲，創出 7.28 元高點，然後在高位略震盪就開始下跌。先是跌破 5 日均線，然後跌破 10日均線，接著跌破 30 日均線，均線形成空頭排列。

在明顯的下跌行情中，如果股價出現反彈，反彈中出現圓頂見頂訊號，即 A 處，如果投資人手中還有籌碼，要堅決賣出。如果股價經過長時間下跌且幅度較大，然後開始震盪上升，在上漲初期出現圓頂見頂訊號，短線投資人可以減倉，中線投資人可以持倉不動。

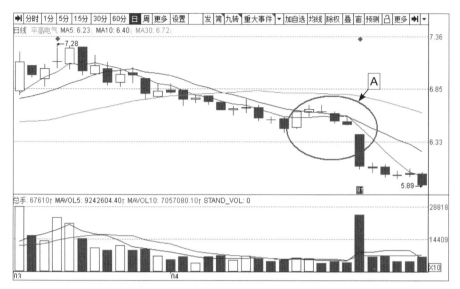

▲ 圖 8-20　平高電氣（600312）日 K 線

　　如圖 8-21 所示的是老鳳祥（600612）2020 年 12 月 15 日至 2021 年 4 月 29 日的日 K 線圖。股價經過充分的下跌整理之後，創出 44.07 元低點，然後股價開始震盪盤升。先是上攻 30 日均線，沒有突破就受壓下行，但沒有再創新低。然後再度上漲，在這一波站上 30 日均線，但 A 處出現圓頂見頂訊號。

　　短線高手可以減倉，等整理充分後再買進該股票。如果投資人對該股票的基本面比較瞭解，知道該股票已經充分整理過了，可以暫時持倉不動。

　　股價在 A 處短線見頂後開始下跌回檔，回檔到 30 日均線附近。雖然有 1 個交易日收盤價跌破 30 日均線，隨後又重新站上 30 日均線，所以這裡是假突破，即下跌為假，上漲為真。這裡是重新買入的訊號，即 B 處。同理，C 處也是一個假跌破 30 日均線，所以也是一個不錯的買入位置。

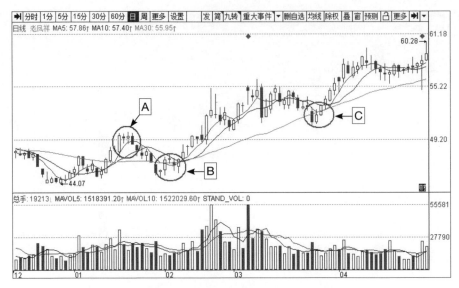

▲ 圖 8-21　老鳳祥（600612）日 K 線

8-2-6　塔形頂實戰案例分析

　　股價經過較長時間、較大幅度的上漲之後，在高位出現塔形頂見頂訊號。投資人一定要及時出局觀望，不要心存幻想，否則很可能被套在高高的山頂，甚至好幾年都解不了套。

　　如圖 8-22 所示的是宏發股份（600885）2020 年 9 月 29 日至 2021 年 3 月 24 日的日 K 線圖。其股價經過長時間、大幅度上漲之後，創出 66.30 元高點。需要注意的是創出高點這天，股價即收了一根開高走低的大陰線，並且與前面 K 線組成了塔形頂見頂訊號，即 A 處。

　　在高位見到塔形頂見頂訊號，一定要果斷出局，否則就會被套在高高的山頂。如果股價處在明顯的下降趨勢中，出現反彈，在反彈的中後期出現塔形頂見頂訊號，也要及時出局，否則就會被套在半山腰。

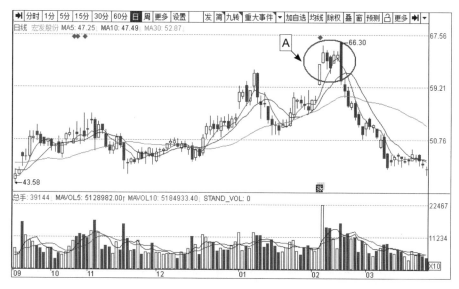

▲ 圖 8-22　宏發股份（600885）日 K 線

如圖 8-23 所示的是萬業企業（600641）2020 年 8 月 6 日至 2021 年 2 月 10 日的日 K 線圖。其股價創出 26.37 元高點，在高位略震盪後開始沿著均線下跌。經過 2 個多月的下跌之後，股價開始震盪反彈。要注意的是，雖然反彈時間較長但反彈高度有限，並且在反彈的末端形成見頂訊號，即 A 處。此處要小心，出現塔形頂見頂訊號時，越早停損或停利出局越妙。

如果股價經過較長時間、較大幅度下跌之後，探明的底部區域開始震盪上升，在這個過程中出現塔形頂見頂訊號，不要過分害怕。短線投資人可以減倉應對風險，中線投資人可以持倉不動。

如圖 8-24 所示的是福耀玻璃（600660）2020 年 3 月 11 日至 2020 年 9 月 17 日的日 K 線圖。其股價經過一波下跌，創出 17.86 元低點，然後開始在低位窄幅震盪。經過長達 1 個多月時間的窄幅震盪之後，股價開始向上突破，站上所有均線，均線呈多頭排列。

▲ 圖 8-23 萬業企業（600641）日 K 線

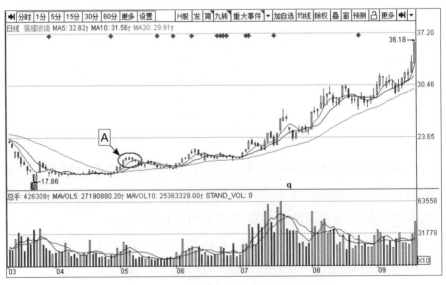

▲ 圖 8-24 福耀玻璃（600660）日 K 線

　　這時在 A 處出現塔形頂見頂訊號，投資人要知道此處才剛剛上漲，並且底部震盪時間很長，很可能是主力上漲之前的進一步洗盤，所以只要股價不跌破 30 日均線就不用怕。短線高手可以在 A 處減倉，以應對風險；中線投資人可以持倉不動。

　　從其後走勢可以看出，股價每回檔到 30 日均線附近，就會得到支撐，所以 30 日均線附近是較好的買進機會。

8-3

【實戰技巧 18】
這 3 種 K 線出現，
趕緊走為上策

8-3-1　淡友反攻

　　淡友反攻的特徵是：在上升行情中，出現中陽線或大陽線的次日，股價跳空開高但上攻無力，繼而下跌，其收盤價與前一根陽線的收盤價相同或相近，形成立根大陰線或中陰線。淡友反攻的圖形如圖 8-25 所示。

　　淡友反攻是見頂訊號，提醒投資人不要再盲目看多了。淡友反攻又稱黑雲壓陣，意思是說股價在上漲途中遇到黑雲壓在頭頂上，那其後的走勢就岌岌可危了。雖然此 K 線組合出現後股價不會馬上下跌，但這片壓在頭上的黑雲一旦化成暴雨，股價就要大跌了。

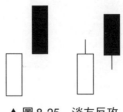

▲ 圖 8-25　淡友反攻

> **專家提醒**
>
> 淡友反攻與烏雲蓋頂的區別是：陰線實體未深入陽線實體，其預示的下跌可
> 靠性不如烏雲蓋頂。但上升行情中出現淡友反攻，並伴隨著成交量急劇放
> 大，其領跌作用甚至要超過烏雲蓋頂，這一點投資人不可忽視。所以見到該
> K 線組合，投資人要適量減倉。

8-3-2　烏雲蓋頂

　　烏雲蓋頂的特徵是：在上升行情中，出現一根中陽線或大陽線後，第 2 個交易日股價跳空開高，沒有走高，反而開高走低，收一根中陰線或大陰線，陰線的實體已經深入到第一根陽線實體的 1/2 以下處。烏雲蓋頂的圖形如圖 8-26 所示。

　　烏雲蓋頂是一種見頂訊號，表示股價上升勢頭已盡，一輪跌勢即將開始。投資人見此 K 線組合應有所警覺，可以先賣掉一些籌碼，餘下的籌碼視其後走勢而定。如果發現股價重心出現下移，就可以確定見頂訊號已被市場確認，此時很有可能要大幅下跌了，投資人要果斷拋空所有籌碼，出局觀望。

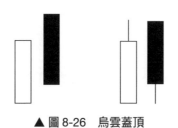

▲ 圖 8-26　烏雲蓋頂

8-3-3 傾盆大雨

傾盆大雨的特徵是：股價有了一段升幅之後，先出現一根大陽線或中陽線，接著出現一根開低收低的大陰線或中陰線，其收盤價比前一根陽線的開盤價要低。傾盆大雨的標準圖形如圖 8-27 所示。

傾盆大雨，即股市將遭受暴水襲擊，這種 K 線組合對多方極為不利，投資人應及時退出觀望。傾盆大雨常見的變化圖形如圖 8-28 所示。

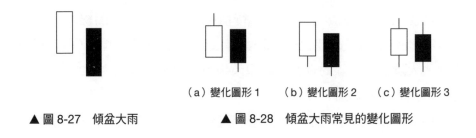

（a）變化圖形 1　　（b）變化圖形 2　　（c）變化圖形 3

▲ 圖 8-27　傾盆大雨　　　　　▲ 圖 8-28　傾盆大雨常見的變化圖形

專家提醒

傾盆大雨殺傷力很強，因為該 K 線組合的第二根陰線已經穿過前面一根陽線的開盤價，形勢一下子變得非常不妙。特別是股價已有大幅上漲，出現該 K 線組合意味行情已見頂，股價就要出現重挫。

8-3-4 淡友反攻實戰案例分析

股價經過大幅上漲，並且經過快速拉升後，出現淡友反攻 K 線組合，表示股價已見頂或即將見頂，這時投資人要萬分小心或減倉。

如圖 8-29 所示的是金龍汽車（600686）2020 年 10 月 27 日至 2021 年 2 月 8 日的日 K 線圖。股價經過一波快速上漲之後，在 A 處出現烏雲

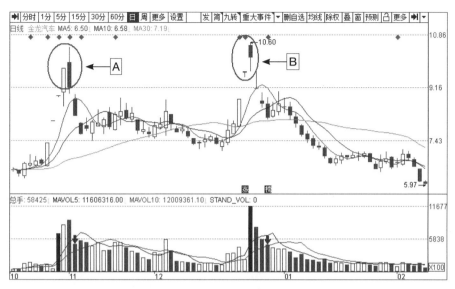

▲ 圖 8-29　金龍汽車（600686）日 K 線

蓋頂見頂 K 線組合，隨後快速下跌。股價快速下跌之後，開始震盪，震盪後再度快速上漲，在 B 處出現淡友反攻見頂 K 線組合。

投資人要明白，快速上漲之後出現的見頂 K 線組合，往往具有較大的殺傷力，所以一旦出現就要果斷賣出手中的股票，否則會損失慘重。如果股價已處於明顯的下跌趨勢中，並且處於下跌初期或下跌途中出現反彈，在反彈末期出現淡友反攻 K 線組合，要果斷清倉離場。

如圖 8-30 所示的是蘇寧易購（002024）2020 年 10 月 27 日至 2021 年 4 月 30 日的日 K 線圖。其股價經過一波反彈，創出 9.94 元高點，然後在高位震盪。震盪 6 個交易日後，一根大陰線快速殺跌，同時跌破 5 日和 10 日均線，然後又跌破 30 日均線，均線呈空頭排列。

在明顯的下跌行情中，股價出現反彈，反彈中出現淡友反攻 K 線組合，即 A 處。由於當前處在 30 日均線下方，這表示反彈結束後，還會繼續下跌，手中還有該股籌碼的投資人，要及時賣出。

265

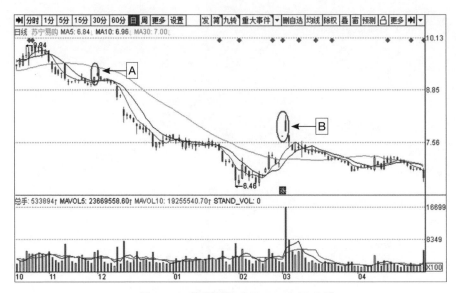

▲ 圖 8-30　蘇寧易購（002024）日 K 線

　　股價經過幾波下跌之後，創出 6.46 元低點，然後股價在低位震盪之後開始反彈，在反彈末端股價又快速上漲，然後出現淡友反攻 K 線組合，即 B 處。B 處也是賣出股票的好位置，因為快速上漲後，出現的見頂 K 線往往會有回檔，甚至是新的一波下跌開始。

　　如果股價經過大幅下跌並成功探出底部後，開始震盪上升或在上升途中，出現淡友反攻 K 線組合，短線投資人要減倉或清倉，而中長期投資人可以持倉不動。

　　如圖 8-31 所示的是陽煤化工（600691）2020 年 10 月 9 日至 2021 年 5 月 12 日的日 K 線圖。其股價經過較長時間、較大幅度下跌之後，創出 1.88 元低點，然後價格開始震盪上漲。先是站上 5 日均線，然後站上 10 日均線，最後站上 30 日均線，均線呈多頭排列。

　　在明顯的多頭行情中，特別是上漲幅度不大時，如果出現見頂 K 線組合，不用太害怕，短線投資人可以減倉或清倉來應對風險。如果倉位

不重或看好該股其後走勢，可以持倉不動。

如果在 A 處出現烏雲蓋頂，在 B 處出現淡友反攻，在 C 處出現傾盆大雨，都是見頂 K 線組合，短線高手可以賣出股票，然後耐心等待股價回檔到 30 日均線再買進股票。中線投資人如果看好其後市走勢，可以持倉不動。

▲ 圖 8-31　陽煤化工（600691）日 K 線

8-3-5　烏雲蓋頂實戰案例分析

股價經過較長時間、較大幅度的上漲之後，在高位出現烏雲蓋頂見頂訊號，投資人一定要及時出局觀望，不要心存幻想，否則很可能被套在高高的山頂。

如圖 8-32 所示的是老鳳祥（600612）2020 年 5 月 8 日至 2020 年 10 月 26 日的日 K 線圖。其股價經過較長時間、較大幅度上漲之後，創出

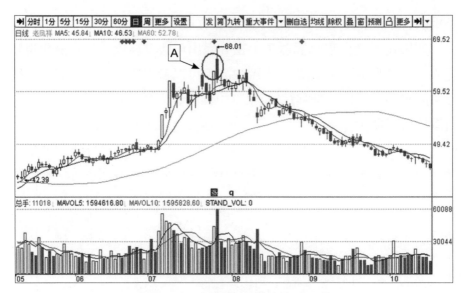

▲ 圖 8-32　老鳳祥（600612）日 K 線

68.01 元高點。但在創出高點這天，股價收一根大陰線，與前 1 個交易日的大陽線組成烏雲蓋頂見頂訊號，即 A 處。A 處的烏雲蓋頂見頂訊號，是一個高位見頂訊號，所以投資人在此處一定要及時賣出股票，否則後市一旦走下跌趨勢，就會損失慘重。

可能有的投資人會說：「如果後市還上漲怎麼辦？」其實，明顯的見頂訊號出現後，下跌的機率有 90% 左右，當然也有 10% 的可能會上漲。這裡不要糾結，大不了技術走好後再介入即可。股市中機會到處都有，但投資人的資金是有限的，所以一定要以保證資金安全為主。

如果股價已處於明顯下跌趨勢，且處於下跌初期或下跌途中，出現反彈，在反彈末期出現烏雲蓋頂 K 線組合，投資人要果斷清倉離場。

如圖 8-33 所示的是聞泰科技（600745）2021 年 1 月 26 日至 2021 年 5 月 10 日的日 K 線圖。其股價經過一波上漲後，創出 133.90 元高點，然後開始快速下跌，先是跌破 5 日均線，然後跌破 10 日均線，接著跌破

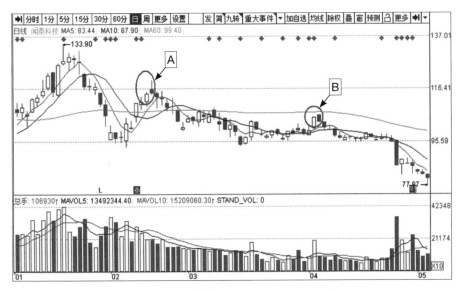

▲ 圖 8-33　聞泰科技（600745）日 K 線

30 日均線。股價跌破所有均線後出現反彈，反彈比較強，重新站上 30 日均線，但在 A 處出現淡友反攻見頂訊號，投資人要注意減倉或清倉手中的股票。

　　股價在 A 處反彈見頂後再度下跌，跌破所有均線後雖有反彈，但沒有重新站上 30 日均線，這意味股價變成空頭行情。

　　在明顯的空頭行情中，股價出現反彈，反彈的末端出現見頂 K 線組合，這時要及時賣出手中股票籌碼。即在 B 處，出現烏雲蓋頂 K 線組合，這是下跌趨勢中的見頂訊號，如果投資人手中還有該股票籌碼，要果斷賣出。

　　如果股價經過較長時間、較大幅度下跌之後已探明底部區域，開始震盪上升，在這個過程中出現烏雲蓋頂見頂訊號，不用太害怕。短線投資人可以減倉應對風險，中線投資人可以持倉不動。

　　如圖 8-34 所示的是中路股份（600818）2021 年 1 月 29 日至 2021 年

5月12日的日K線圖。其股價經過較長時間、較大幅度下跌之後，創出6.60元低點，然後開始震盪上漲，先是站上5日均線，然後站上10日均線。接著繼續震盪上漲，最後一根中陽線站上30日均線。但隨後就是一根開高低走的中陰線，即在A處出現烏雲蓋頂見頂K線組合，這裡到底該如何操作呢？

　　股價經過長時間、較大幅度下跌，已在低位區域，這時股價剛剛上漲，所以這裡很可能是洗盤。中線投資人可以持有，短線高手可以減倉，等股價回檔到重要支撐位置，即回檔到30日均線附近，有見底K線組合就可以重新買進該股票。

　　股價在30日均線附近得到支撐，又開始新的一波上漲行情。所以無論是中線單子，還是在30日均線買進的單子，都會有不錯的投資獲利。

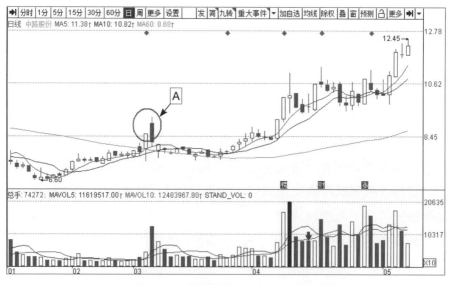

▲ 圖 8-34　中路股份（600818）日K線

8-3-6　傾盆大雨實戰案例分析

　　股價經過大幅上漲，且經過快速拉升後，出現傾盆大雨 K 線組合，表示股價已見頂或即將見頂，這時投資人要萬分小心或減倉。

　　如圖 8-35 所示的是上汽集團（600104）2020 年 9 月 24 日至 2021 年 3 月 31 日的日 K 線圖。其股價經過較長時間、較大幅度上漲之後，創出 28.80 元高點。但在創出高點這天，卻收一根帶有長長上下影線的螺旋線，接著收一根中陽線，然後股價開低走低，收一根中陰線，即在 A 處出現傾盆大雨見頂 K 線組合。這表示股價已見頂，手中有該股票籌碼的投資人，要及時賣出手中的股票。

　　從其後走勢可以看出，股價見頂後在高位出現震盪，震盪後就出現了一波明顯的下跌行情。不及時出局的投資人，可能會把獲利吐回去，甚至可能由獲利變為虧損。

　　股價處於明顯的下跌趨勢中，如果出現反彈，在反彈過程中出現傾盆大雨見頂訊號，也可及時出局觀望，以防把自己套在半山腰。

　　如圖 8-36 所示的是雲南白藥（000538）2020 年 12 月 29 日至 2021 年 5 月 10 日的日 K 線圖。其股價經過長時間、大幅度上漲之後，創出 163.28 元高點。但創出高點這天，卻收一根中陰線，這表示上方賣壓較重。隨後股價繼續下跌，先是跌破 5 日均線，然後跌破 10 日均線，接著跌破 30 日均線，均線呈空頭排列，表示股價轉變為空頭行情。

　　股價快速下跌之後出現反彈，在 A 處，一根中陽線反彈到 30 日均線附近，但第 2 天價格沒有繼續上漲，反而是開低走低，收一根中陰線，即出現傾盆大雨。這表示股價仍會繼續下跌，所以如果手中還有該股票籌碼，要果斷賣出為好。

　　如果股價經過長時間下跌且幅度較大，然後開始震盪上升，上漲初期出現傾盆大雨見頂訊號，短線投資人可以減倉，中線投資人可以

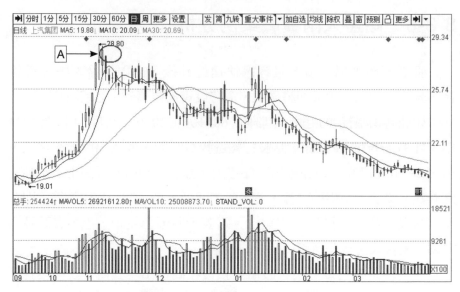

▲ 圖 8-35　上汽集團（600104）日 K 線

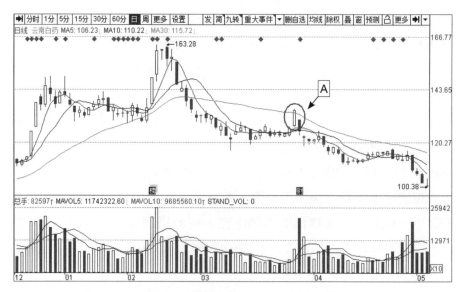

▲ 圖 8-36　雲南白藥（000538）日 K 線

持倉不動。如圖 8-37 所示的是北汽藍谷（600733）2020 年 9 月 22 日至 2021 年 4 月 20 日的日 K 線圖。

其股價經過長時間、大幅度的下跌之後，創出 5.78 元低點，然後開始震盪上漲。先是站上 5 日均線，然後站上 10 日均線，最後站上 30 日均線，此時均線呈多頭排列，股價進入多頭行情。

在多頭行情中，如果股價上漲幅度不大，出現見頂訊號不用太害怕，因為往往短線整理後，都會在重要支撐位得到支撐，然後再度上漲。所以在 A 處出現傾盆大雨不用驚慌，短線高手可以減倉或清倉應對，中線投資人只要不跌破 30 日均線就可以持有。

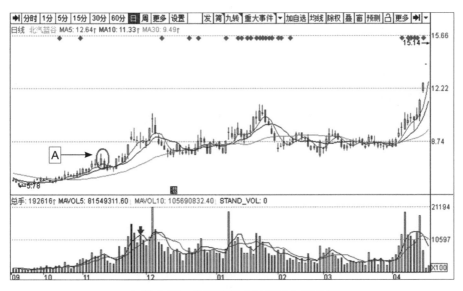

▲ 圖 8-37　北汽藍谷（600733）日 K 線

8-4

【實戰技巧 19】
2 種明顯暴跌訊號，
股價即將重挫！

8-4-1　雙飛烏鴉

　　雙飛烏鴉的特徵是：在上升行情中連續出現兩根陰線，第一根陰線的實體部分，與上一根 K 線的實體形成一段小缺口，構成起飛的形狀，可惜翅折羽斷，沒有飛起來，出現開高走低的情形；第二根陰線，也重蹈第一根陰線的覆轍，同樣走出開高走低的結局，不過第二根陰線比較長，已把第一根陰線完全吞併。

　　從圖形上來看，好像兩個烏鴉在空中盤旋，所以被命名為雙飛烏鴉。雙飛烏鴉的圖形如圖 8-38 所示。

　　雙飛烏鴉的出現，說明投資人對股市已很煩膩，做多力量嚴重不足，後市由升轉跌的可能性很大。

▲ 圖 8-38　雙飛烏鴉

8-4-2　三隻烏鴉

三隻烏鴉又稱暴跌三傑，其特徵是：在上升行情中，股價在高位出現三根連續跳開高盤，但卻以陰線低收的 K 線。三隻烏鴉的圖形如圖 8-39 所示。

在上漲趨勢中出現三隻烏鴉，說明上檔賣盤壓力沉重，多方每次跳開高盤，都被空方無情地打了回去。這是股價暴跌的前兆，投資人要及早離場。

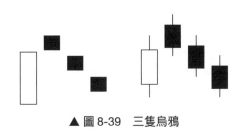

▲ 圖 8-39　三隻烏鴉

8-4-3　雙飛烏鴉實戰案例分析

股價經過較長時間、較大幅度上漲之後，在高位出現雙飛烏鴉見頂訊號，投資人要及時出局觀望，最少也要減倉應對風險。

如圖 8-40 所示的是廈門鎢業（600549）2020 年 12 月 9 日至 2021 年 3 月 24 日的日 K 線圖。其股價經過幾波震盪上漲之後，最後出現快速拉升，連續漲停。但連續漲停之後，出現雙飛烏鴉見頂訊號，即 A 處。這表示價格已上漲無力，後市可能快速下跌，也可能震盪下跌，投資人要及時賣出手中的籌碼。

如果股價經過一波下跌之後出現反彈，在反彈末期出現雙飛烏鴉見頂訊號，投資人要果斷清倉離場。

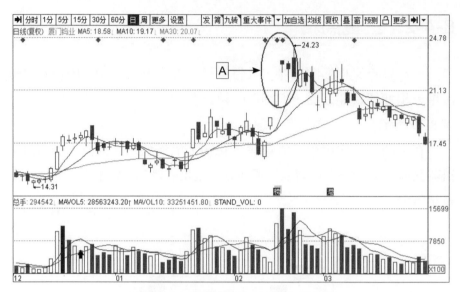

▲ 圖 8-40　廈門鎢業（600549）日 K 線

　　如圖 8-41 所示的是華微電子（600360）2020 年 7 月 1 日至 2021 年 2 月 3 日的日 K 線圖。其股價經過幾波上漲，創出 11.20 元高點，然後快速下跌，接著在高位震盪，震盪後進入明顯的沿著均線下跌行情。經過 3 個月下跌之後，股價再度反彈，在反彈的末端出現雙飛烏鴉見頂訊號，即 A 處。這裡也是快速拉升後，跳空出現雙飛烏鴉，表示股價上漲無力，後市還會下跌，所以要及時賣出手中的股票。

　　如果股價經過長時間下跌且幅度較大，然後開始震盪上升，在上漲初期出現雙飛烏鴉見頂訊號，短線投資人可以減倉，中線投資人可以持倉不動。

　　如圖 8-42 所示的是四川路橋（600039）2020 年 12 月 25 日至 2021 年 3 月 22 日的日 K 線圖。其股價在低位區域反覆震盪時，出現雙飛烏鴉 K 線組合，即 A 處。需要注意的是，當前股價仍在底部區間，另外股價離均線不遠，如果投資人手中有該股票籌碼不用太害怕，可以繼續持

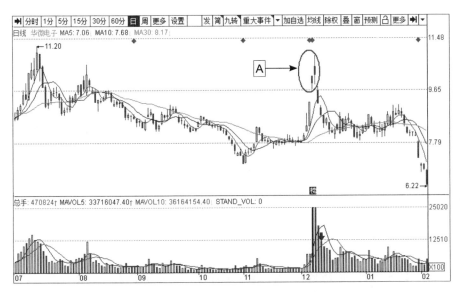

▲ 圖 8-41　華微電子（600360）日 K 線

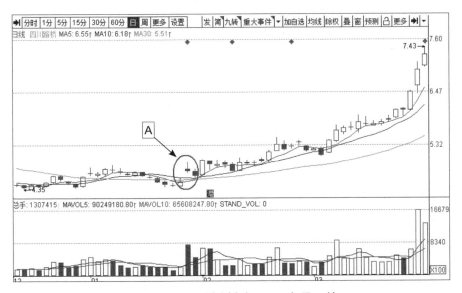

▲ 圖 8-42　四川路橋（600039）日 K 線

有,看看後面行情如何變化。

如果股價再度跌破所有均線,甚至跌破前期低點 4.35 元,那麼就要先停損出局了。如果回檔到均線附近,價格得到止跌,則可以繼續持有,甚至可以加倉做多。

8-4-4　三隻烏鴉實戰案例分析

股價經過較長時間、較大幅度上漲之後,在高位出現三隻烏鴉見頂訊號,要及時出局觀望,最少要減倉應對風險。

如圖 8-43 所示的是國電南瑞(600406)2020 年 12 月 14 日至 2021 年 3 月 10 日的日 K 線圖。其股價經過長時間大幅上漲之後,創出 51.46 元高點。需要注意的是,創出高點這天股價開高走低,收一根中陰線。隨後兩天繼續開高走低,收小陰線和中陰線,在 A 處出現三隻烏鴉見頂 K 線組合。由於股價上漲幅度巨大,這裡出現三隻烏鴉見頂訊號,投資人要果斷賣出手中的股票。

從其後走勢可以看出,股價創出最高點後連續下跌 6 個交易日,跌破 5 日、10 日和 30 日均線,然後出現反彈,反彈到 30 日均線附近,再度出現傾盆大雨見頂 K 線,即 B 處,所以 B 處也是賣出的好位置。如果股價已處於明顯的下跌趨勢,並且處於下跌初期或下跌途,出現反彈,在反彈末期出現三隻烏鴉見頂 K 線組合,要果斷清倉離場。

如圖 8-44 所示的是佳都科技(600728)2020 年 9 月 29 日至 2020 年 12 月 28 日的日 K 線圖。其股價經過一波反彈創出 9.54 元高點,然後繼續沿著均線震盪下跌。在震盪下跌過程中出現反彈,在反彈的末端出現三隻烏鴉 K 線組合,即 A 處。此處,投資人一定要果斷賣出手中的股票籌碼,否則會越套越深。

如果股價經過長時間下跌且幅度較大,然後開始震盪上升,在上

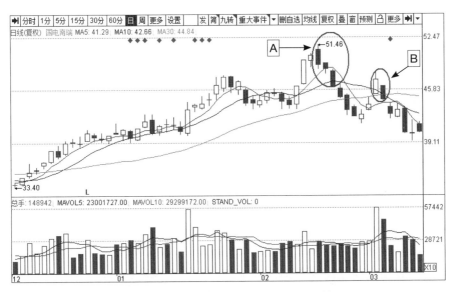

▲ 圖 8-43　國電南瑞（600406）日 K 線

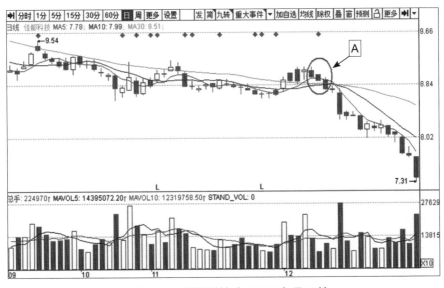

▲ 圖 8-44　佳都科技（600728）日 K 線

漲初期出現三隻烏鴉見頂訊號，短線投資人可以減倉，中線投資人可以
持倉不動。如圖 8-45 所示的是中儲股份（600787）2021 年 1 月 29 日至
2021 年 4 月 16 日的日 K 線圖。其股價經過較長時間、較大幅度下跌之
後，創出 4.28 元低點。隨後股價開始震盪上漲，先是站上 5 日均線，然
後站上 10 日均線，最後站上 30 日均線，均線呈多頭排列，即行情進入
上漲趨勢。

上漲行情初期，在 A 處出現三隻烏鴉見頂訊號，注意此處股價仍
在 30 日均線上方且上漲幅度不大，所以不用太害怕，短線高手可以減
倉以應對風險，中線投資人可以持有不動。

從其後走勢可以看出，出現三隻烏鴉見頂訊號後，股價開始繼續
上漲。震盪上漲之後又出現快速上漲行情，中線投資人持有的籌碼會有
不錯的獲利。

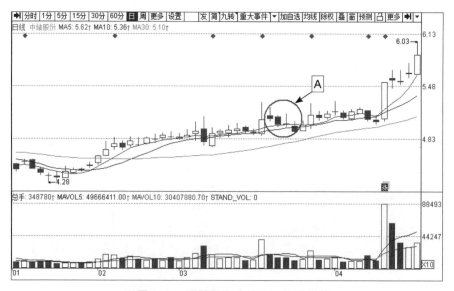

▲ 圖 8-45　中儲股份（600787）日 K 線

8-5

【實戰技巧 20】
這 2 種 K 線表示下跌趨勢，應果斷賣出股票

8-5-1　射擊之星

　　射擊之星，因其像弓箭發射的樣子而得名，人們還根據此特點給它取了一些有意思的名字，如掃帚星、流星。射擊之星的特徵是：在上漲行情中且經過一段升幅，陽線或陰線的實體很小，上影線大於或等於實體的兩倍。一般沒有下影線，即使有，也短得可以忽略不計。射擊之星的圖形如圖 8-46 所示。

　　射擊之星是一種明顯的見頂訊號，它暗示著股價可能由升轉跌，投資人如不及時出逃，就會被流星、掃帚星擊中，從而損失慘重。

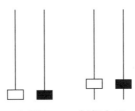

▲ 圖 8-46　射擊之星

8-5-2　吊頸線

　　吊頸線又稱絞弄線，其特徵是：在上漲行情的末端，陽線或陰線的實體很小，下影線大於或等於實體的兩倍。一般沒有上影線，即使有，也短得可以忽略不計。吊頸線的圖形如圖 8-47 所示。

　　一般來說，在股價大幅上漲後出現的吊頸線 K 線組合，是明顯的見頂訊號。投資人見到此 K 線應提高警覺，不管後市如何可先做減股，爾後一旦發現股價掉頭向下，應及時拋空出局。

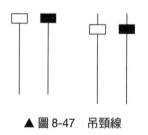

▲ 圖 8-47　吊頸線

8-5-3　射擊之星實戰案例分析

如圖 8-48 所示的是華北製藥（600812）2020 年 5 月 21 日至 2020 年 9 月 9 日的日 K 線圖。其股價經過一波下跌，創出 7.66 元低點，然後開始震盪上漲，經過近 3 個月時間的上漲，最高上漲到 20.24 元，上漲幅度為 164.23%。

需要注意的是，股價在創出最高點這一天，收一根帶有長長上影線的射擊之星見頂 K 線，即 A 處。這是一個明顯的見頂訊號，投資人見到該訊號，要及時果斷賣出股票籌碼，否則會損失慘重。

如果股價已處於明顯下跌趨勢，並且處於下跌初期或下跌途中，出現反彈，在反彈末期出現射擊之星見頂訊號，也要果斷清倉離場。

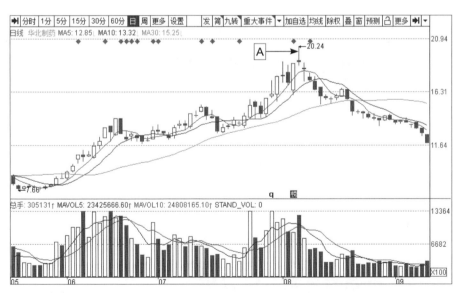

▲ 圖 8-48　華北製藥（600812）日 K 線

如圖 8-49 所示的是洲際油氣（600759）2020 年 11 月 30 日至 2021 年 1 月 29 日的日 K 線圖。其股價經過一波反彈，創出 2.15 元高點，但隨後出現一根射擊之星見頂訊號，所以要及時賣出手中的股票籌碼。

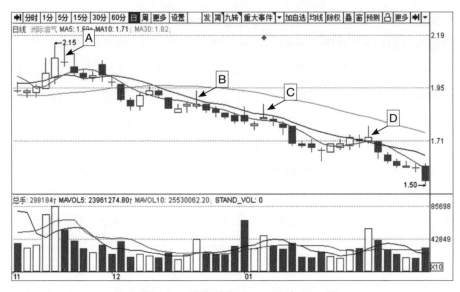

▲ 圖 8-49　洲際油氣（600759）日 K 線

隨後股價開始震盪下跌，先是跌破 5 日均線，然後跌破 10 日均線，接著跌破 30 日均線，均線出現空頭排列，即行情進入下跌趨勢。在下跌行情中如果出現反彈，反彈出現射擊之星，也是賣出股票的位置，即 B、C 和 D 處。

8-5-4　吊頸線實戰案例分析

如圖 8-50 所示的是華電能源（600726）2020 年 8 月 12 日至 2020 年 9 月 28 日的日 K 線圖。其股價經過連續漲停之後，出現吊頸線見頂訊

號，即 A 處，所以此處要果斷賣出手中籌碼，否則後面連續跌停，獲利可能大幅減少，甚至由獲利變成虧損。

股價大幅下跌之後，在 30 日均線附近出現反彈，反彈又出現射擊之星，即 B 處，所以 B 處是抄底多單賣出的位置。

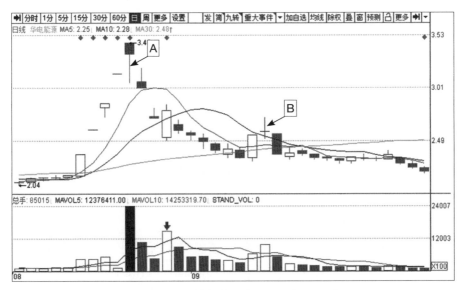

▲ 圖 8-50　華電能源（600726）日 K 線

如圖 8-51 所示的是宜賓紙業（600793）2020 年 12 月 22 日至 2021年 2 月 10 日的日 K 線圖。其股價經過一波回檔，創出 7.72 元低點，接著在低位區間小幅震盪 7 個交易日，然後一根中陽線向上突破，隨後就是連續中陽線或大陽線上漲。短短 10 個交易日，最高上漲到 21.26 元，上漲幅度為 175.39%。

需要注意的是，創出 21.26 元高點這天，股價收一根吊頸線見頂 K線，表示股價發出不利的訊號，投資人可以減倉應對風險。隨後股價中陰線下跌，又跌破 5 日均線，由於獲利巨大，賣出股票的投資人會很

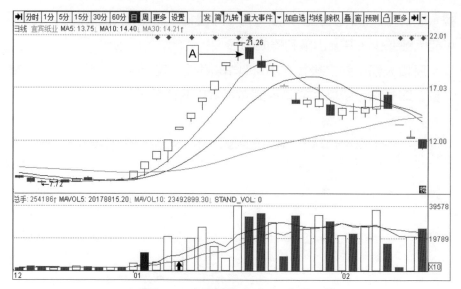

▲ 圖 8-51　宜賓紙業（600793）日 K 線

多，因此還是及時果斷賣出為妙。

　　從其後走勢可以看出，股價吊頸線見頂後，出現較大幅度的下跌，不及時賣出的投資人，獲利會大大的回吐。如果股價已處於明顯下跌趨勢，且處於下跌初期或下跌途中，出現反彈，在反彈末期出現吊頸線見頂訊號，也要果斷清倉離場。

　　如圖 8-52 所示的是王府井（600859）2020 年 7 月 1 日至 2021 年 3 月 9 日的日 K 線圖。其股價連續大陽線拉漲之後，在 A 處出現吊頸線見頂訊號，表示價格上漲已有壓力。隨後股價又拉大陽線誘多，但接著就是一根大陽線殺跌，隨後股價高位震盪，先是射擊之星，再來是吊頸線，即 B 處。

　　高位震盪之後，股價開始快速下跌，然後在 30 日均線附近震盪，最後跌破 30 日均線，均線呈空頭排列，即行情進入震盪下跌行情。

▲ 圖 8-52　王府井（600859）日 K 線

國家圖書館出版品預行編目（CIP）資料

第一次投資就該懂的技術分析／周峰著. -- 新北市：大樂文化有限公司，
2025.2（優渥叢書Money；084）
288 面；17×23公分
ISBN 978-626-7422-73-1（平裝）
1. 股票投資　2. 投資技術　3. 投資分析

563.53　　　　　　　　　　　　　　　　　　　　　　　113019089

Money 084
第一次投資就該懂的技術分析

作　　者／周　峰
封面設計／蕭壽佳
內頁排版／王信中
責任編輯／林育如
主　　編／皮海屏
發行專員／張紜蓁
財務經理／陳碧蘭
發行經理／高世權
總編輯、總經理／蔡連壽
出 版 者／大樂文化有限公司（優渥誌）
　　　　　地址：220新北市板橋區文化路一段 268 號 18 樓之一
　　　　　電話：（02）2258-3656
　　　　　傳真：（02）2258-3660
詢問購書相關資訊請洽：2258-3656
郵政劃撥帳號／50211045　戶名／大樂文化有限公司

香港發行／豐達出版發行有限公司
地址：香港柴灣永泰道 70 號柴灣工業城 2 期 1805 室
電話：852-2172 6513　傳真：852-2172 4355

法律顧問／第一國際法律事務所余淑杏律師
印　　刷／韋懋實業有限公司

出版日期／2025 年 2 月 7 日
定　　價／380 元（缺頁或損毀的書，請寄回更換）
Ｉ Ｓ Ｂ Ｎ／978-626-7422-73-1